ENDE GELÄNDE

WE SHUT SHIT DOWN

EDITION NAUTILUS

Einige häufig verwendete Begriffe sind am Ende auf S. 194–200 in einem Glossar aufgeführt; diese Begriffe sind bei jedem ersten Auftreten in einem neuen Kapitel mit → markiert.

Edition Nautilus GmbH
Schützenstraße 49 a
D - 22761 Hamburg
www.edition-nautilus.de

Originalveröffentlichung
Erstausgabe März 2022

Umschlaggestaltung:
Maja Bechert
www.majabechert.de

Satz: Corinna Theis-Hammad
www.cth-buchdesign.de

Lektorat von Ende Gelände:
Christiane

Redaktionsgruppe von Ende Gelände:
Jojo, Julia, Valli

Mit Illustrationen von Caroline Pochon
www.toolsandmoods.net

MIX
Papier aus verantwortungsvollen Quellen
FSC® C083411

Druck und Bindung:
CPI – Clausen & Bosse, Leck
1. Auflage
ISBN 978-3-96054-292-6

ENDE GELÄNDE ist ein europaweites Bündnis gegen Kohle und Gas und neben Fridays for Future eine der präsentesten Gruppierungen der Klimagerechtigkeitsbewegung. Ende Gelände entstand 2015, ist in Ortsgruppen und AGs organisiert und führt regelmäßig Aktionen zivilen Ungehorsams mit oftmals mehreren tausend Teilnehmenden durch.

Inhalt

ERSTE ENDE GELÄNDE (EG) MASSENAKTION MIT GROßER INTERNATIONALER BETEILIGUNG
1500 MENSCHEN IM TAGEBAU GARZWEILER
LEAVE IT IN THE GROUND
2015
Kleingruppen-Aktion in 2 Tagebauen
2016
MASSENAKTION IN DER LAUSITZ
3000 MENSCHEN BLOCKIEREN ÜBER 48 STUNDEN DIE KOHLEZUFUHR, DIE KRAFTWERKE WERDEN GEDROSSELT
ROTE LINIE
MASSENAKTION IN GARZWEILER IM RAHMEN DES FLÄCHENKONZEPTS MIT VERSCHIEDENEN AKTEUR*INNEN
DIE FINGER HEBEN VERSCHIEDENE THEMEN HERVOR, U.A. DER QUEERFEMINISMUS
Zucker im Tank
END COAL NOW
2017
QUEER WE GO!!

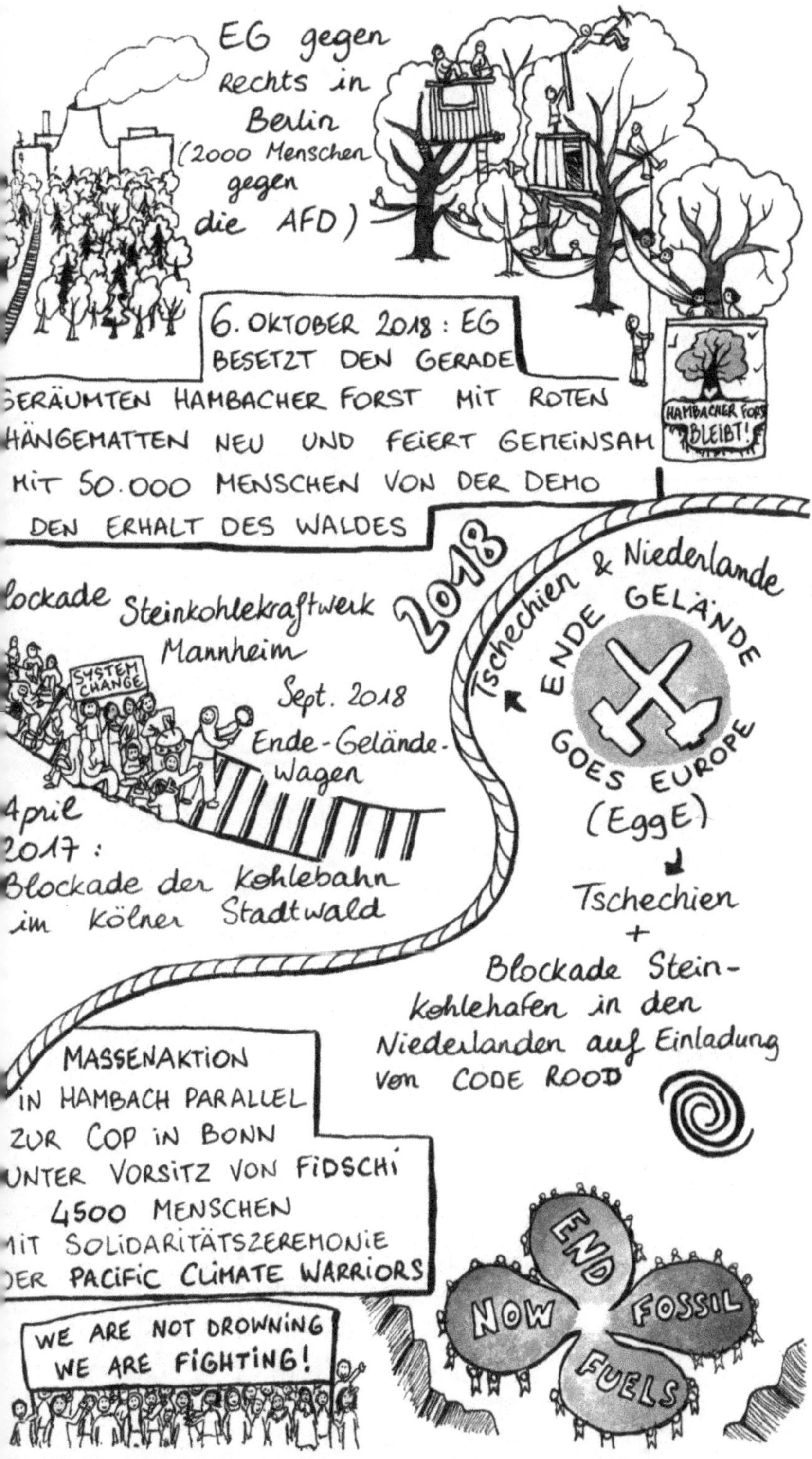
EG gegen Rechts in Berlin (2000 Menschen gegen die AFD)
HAMBACHER FORST BLEIBT!
6. OKTOBER 2018: EG BESETZT DEN GERADE GERÄUMTEN HAMBACHER FORST MIT ROTEN HÄNGEMATTEN NEU UND FEIERT GEMEINSAM MIT 50.000 MENSCHEN VON DER DEMO DEN ERHALT DES WALDES
2018
Blockade Steinkohlekraftwerk Mannheim
SYSTEM CHANGE
Sept. 2018
Ende-Gelände-Wagen
April 2017: Blockade der Kohlebahn im Kölner Stadtwald
Tschechien & Niederlande
ENDE GELÄNDE GOES EUROPE (EggE)
Tschechien + Blockade Steinkohlehafen in den Niederlanden auf Einladung von CODE ROOD
MASSENAKTION IN HAMBACH PARALLEL ZUR COP IN BONN UNTER VORSITZ VON FIDSCHI 4500 MENSCHEN MIT SOLIDARITÄTSZEREMONIE DER PACIFIC CLIMATE WARRIORS
WE ARE NOT DROWNING WE ARE FIGHTING!
END FOSSIL FUELS NOW

WE'LL COME UNITED!

Hamburg

EG gegen rechts in Erfurt (AFD - Bunde parteitag)

OKTOBER 2018 BLOCKIEREN ALLE FINGER ZUSAMMEN DIE KOHLEGLEISE DER HAMBACHBAHN ÜBER NACHT. 5000 MENSCHEN KOMMEN IM CAMP ZUSAMMEN. EIN SONDERZUG KOMMT AUS PRAG.

EggE: Venedig

IM NOVEMBER 2019

EG Berlin besetzt lobbygeschäftsstelle in Berlin zu Kohlekommission (koko)

2019

Februar 2019: kleingruppen von EG und Friends blockieren alle Tagebaue als Antwort auf die koko-Ergebnisse

JUNI 2019: EG BLOCKIERT AN ALLEN TAGEBAUEN DIE KOHLEZUFUHR TROTZ MASSIVEN VERSUCHEN DER POLIZEI BEWEGUNGSFREIHEIT EINZUSCHRÄNKEN. 6000 MENSCHEN IM CAMP IN VIERSEN. DAS ERSTE MAL MIT EINEM BUNTEN FINGER.

SEPT. 2020: CORONABEDINGT DEZENTRALE AKTION: 15 FINGER STARTEN AUS CA. 10 CAMPS UND BLOCKIEREN ZUM ERSTEN MAL AUF GASINFRASTRUKTUR

Datteln Blockade mit EG, und Decoalonize am 2.2.2020 (150 Menschen unangekündigt)

EG goes Danni

2020

Teilnahme an der Demo gegen die Sicherheitskonferenz

BLOCKIERT EG DEN TAGEBAU IN DER LAUSITZ UND IM LEIPZIGER LAND. ANREISE AUS DEN UMLIEGENDEN STÄDTEN

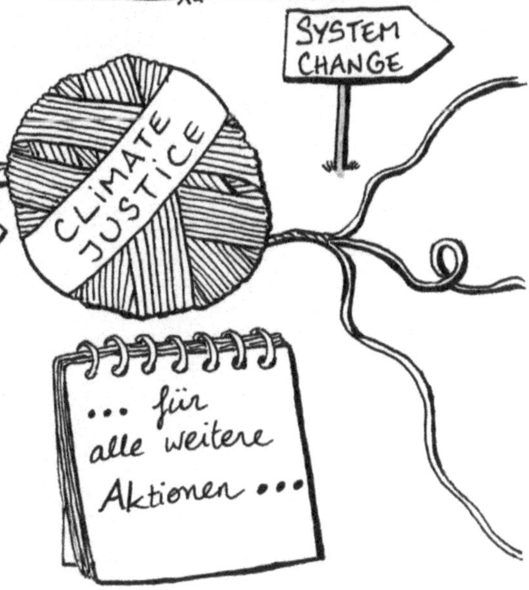

2021

… für alle weitere Aktionen …

Einleitung

Von Julia, Jojo und Valli

»Dass der Hambacher Forst gerettet werden kann, ist eine Illusion.«[1] Das jedenfalls sagte RWE-Vorstand Rolf Schmitz noch im September 2018. Doch soziale Bewegungen können Illusionen Wirklichkeit werden lassen. Und unsere Utopien und Gegenentwürfe werden oft als Illusionen bezeichnet. Doch wir können eine ganz andere Welt möglich machen, wenn wir an sie glauben und für sie kämpfen. Soziale Bewegungen schreiben Geschichte. Aber meist wird das unter den Teppich gekehrt, und große gesellschaftliche Veränderungen werden einzelnen mächtigen Männern zugeschrieben.

Einer solchen Erzählung wollen wir unsere eigenen Perspektiven entgegenstellen, damit es später nicht heißt, Armin Laschet habe den Kohleausstieg eingeleitet. Das waren nämlich die Zehntausenden von Menschen, die sich gemeinsam mit einer Vielfalt von Protesten über Jahre hinweg der Zerstörung in den Weg gestellt, die öffentliche Meinung geprägt und die Regierung der Bundesrepublik Deutschland zu Zugeständnissen gezwungen haben. Als am 6. Oktober 2018 über 50.000 Menschen am Hambacher Wald protestierten, Barrikaden aufbauten und mit Kinderwagen in den Tagebau spazierten, war klar, dass das Ende der Kohle eingeleitet war. VON UNS ALLEN.

Mit diesem Buch von und über Ende Gelände wollen wir ein Stück Bewegungsgeschichte festhalten. Wir wollen teilen, welche Erfahrungen wir gemacht haben, mit welchem Verständnis wir auf die Welt schauen und welche Strategien wir entwickelt haben, um sie zu verändern. Wir wollen auf unsere Erfolge zurückschauen und von diesen ausgehend auch nach vorne blicken. Wir wollen inspirierende Momente und Erfahrungen teilen. Wir wollen uns verständlich machen und in Diskussion treten mit allen, die uns bisher nur von Twitter oder aus der Tagesschau kennen. Wir wollen erzählen, was wir zu sagen haben, ohne uns dabei auf wenige Sekunden Sendezeit zu beschränken. Vielleicht inspirieren wir zu neuen Gedanken, schaffen neuen Mut, neue Hoffnung, gemeinsam eine Gesellschaft jenseits von Zerstörung und Ausbeutung zu schaffen.

Als Ende Gelände ein Buch zu schreiben, ist nicht leicht. Wir sind keine Stiftung, keine → NGO, kein Verein. Wer ist denn dann überhaupt Ende Gelände? Die Abertausenden Menschen, die an Aktionen teilgenommen haben? Die Vielen, die in den Ortsgruppen aktiv sind? Die Hunderten, die in den letzten Jahren die Aktionen organisiert haben, die miteinander darum gerungen haben, wie, wo und warum wir kämpfen?

Als 2020 die Idee aufkam, ein Buch zu schreiben, lag die erste Ende-Gelände-Aktion etwa fünf Jahre zurück. Es schien uns ein guter Zeitpunkt für ein Resümee zu sein. Als Redaktionsgruppe hätten wir nicht gedacht, dass es noch zwei weitere Jahre dauern würde, bis das Buch erscheint. Doch kollektive Prozesse brauchen Zeit, und das ist auch gut so. Wenn wir gemeinsam schreiben und streiten und suchen, dann ist das Ergebnis wohl näher an dem, was uns alle ausmacht, als wenn nur Einzelpersonen das Buch geschrieben hätten. Das ist auch unser Anliegen: bislang bei Ende Gelände breit geteiltes, aber oft nicht in irgendeiner Form dokumentiertes Wissen aufzuschreiben und zugänglich zu machen.

Wir haben versucht, möglichst viele an dem Schreibprozess zu beteiligen. Einige Texte haben Menschen geschrieben, die in

Arbeitsgruppen von Ende Gelände aktiv sind oder waren, andere Texte sind von Menschen, die an Aktionen teilgenommen haben. Fast alle Texte wurden in unterschiedlich großen Gruppen gemeinsam geschrieben. Ihr habt also einen Sammelband vor euch, in dem verschiedene Perspektiven zu Wort kommen. Wir haben darin beschrieben, was Ende Gelände für uns ausmacht. Manches davon wird euch sicherlich bekannt vorkommen, manch anderes vielleicht noch nicht. Die Texte wurden größtenteils im Jahr 2020 geschrieben, manche auch 2021 – sie spiegeln also den Stand zum jeweiligen Zeitpunkt.

Wir haben versucht, die Texte so zu schreiben, dass möglichst viele Menschen sie ohne viel Aufwand verstehen können, ohne, zum Beispiel, schon jahrelangen politischen Aktivismus hinter sich zu haben. Dennoch war es an einigen Stellen nötig, Begriffe zu verwenden, die vielleicht nicht alle Leute kennen. Wir erklären solche Begriffe in einem Glossar am Ende des Buchs. Die Begriffe, die sich im Glossar finden, sind beim ersten Auftreten in jedem Kapitel durch einen Pfeil markiert.

Im ersten Kapitel machen wir die Erfahrung, an Ende-Gelände-Aktionen teilzunehmen, durch drei verschiedene Berichte erlebbar. Mit in die erste Aktion 2015 nimmt euch ein internationaler Aktivist, der schon viele Jahre aktiv ist. Die Aktion im November 2017 erlebt ihr aus der Perspektive einer jungen Frau → *of Colour*, die zum ersten Mal an einer Massenaktion zivilen Ungehorsams teilnimmt. Und in die Aktion im Juni 2019 nimmt euch eine Frau mit, die rollstuhlfahrend Teil des bunten → Fingers war. Darüber hinaus erfahrt ihr im ersten Kapitel, wie Ende Gelände entstand und mit europäischen Klimagerechtigkeitsbewegungen zusammenwirkt.

Im zweiten Kapitel beschreiben wir, mit welchen Strategien wir versuchen, die Welt zu verändern. Einige unserer Strategien beleuchten wir dabei genauer: Wie können wir mit unserem zivilen Ungehorsam die Welt verändern? Wie machen wir Pressearbeit und wirken damit in die öffentliche Diskussion hinein? Welche Rolle spielt eine solidarische Unterstützung bei Repression? Und wie versuchen wir jetzt schon in einer achtsamen und solidarischen Gruppenkultur vorwegzunehmen, welche

Utopien wir uns erträumen? Das ist sicher nicht vollständig. Welche Rolle der Aufbau von sozialen Bewegungen und Bündnisarbeit spielen, hätten wir beispielsweise gerne noch näher beleuchtet. Aber obwohl ein Buch mehr ist als ein Bericht in der Tagesschau, ist es doch immer noch weniger als die Bewegung selbst.

Im dritten Kapitel wollen wir mit euch teilen, wie wir die Welt sehen und welche inhaltlichen Anliegen wir haben, sie zu verändern. Ihr erfahrt etwas über unser zentrales Anliegen der Klimagerechtigkeit und darüber, was sie mit Kapitalismus und Kolonialismus zu tun hat. Und ihr werdet mitgenommen auf die Suche nach einem angemessenen Verhältnis zum Staat. Klar wird in all dem vor allem: Es braucht einen grundlegenden Systemwandel, um Klimagerechtigkeit und ein gutes Leben für alle erreichen zu können.

Im vierten und letzten Kapitel versuchen wir daher, einen Ausblick darauf zu geben, was noch bevorsteht und wie wir gemeinsam als verschiedene soziale Bewegungen eine ganz andere Welt schaffen können. Dabei greifen wir viel auf die vorangegangenen Artikel zurück und wünschen uns, dass unser Ausblick als Debattenbeitrag verstanden wird, denn auch die hier beschriebenen Ideen und Ansätze sind nicht der Weisheit letzter Schluss.

Was denkst du, wie wir die Welt verändern können? Wann und wo fangen wir gemeinsam damit an?

DIE ENDE-GELÄNDE-ERFAHRUNG

Ein Funke Hoffnung: Ende Gelände 2015

Von JJ (https://labo.zone/)[2]

Aus dem Englischen übersetzt von Josefine Haubold

Das laute Knattern eines tief fliegenden Hubschraubers reißt mich aus dem Schlaf. Das muss die Polizei sein. Die Sonne ist noch nicht aufgegangen und die Zeltwände riechen noch nach Morgentau. Ich war bestimmt nicht der Einzige auf diesem Feld, der in dieser Nacht kaum ein Auge zugemacht hat. Heute ist der Aktionstag, auf den wir gewartet haben. Ende Gelände – 1.500 Menschen haben sich vorgenommen, die riesigen Bagger im RWE-Tagebau Garzweiler zu blockieren und damit Europas größten Verursacher von CO_2 stillzulegen.

Das ist direkte Aktion, wie sie sein sollte – nicht nur ein symbolischer Akt, der eine Ungerechtigkeit sichtbar macht, sondern eine Aktion, die auf den Kern des Problems abzielt und seinen Lauf unterbricht. Wenn der Tag ein Erfolg wird, dann können die Geschichten davon Wunder bewirken. Sie werden die Bewegung stärken, an Lagerfeuern und in Cafés erzählt werden, durch die sozialen Medien schwirren und Schlagzeilen machen. Aber was eigentlich zählt, ist, die CO_2-Emissionen zu stoppen, indem die Braunkohle, die schmutzigste Kohle der

Welt, nicht mehr gefördert und verbrannt wird. Ende Gelände ist kein Medienevent, sondern ein kollektiver Akt des Widerstands, der der Dringlichkeit der katastrophalen Klimakrise entspricht. Wenn alles nach Plan läuft, wird es einer der größten Akte zivilen Ungehorsams für Klimagerechtigkeit überhaupt sein. Für viele, die gerade auf diesem saftigen Feld aufwachen, wird es das erste Mal sein, dass sie für ihre Überzeugungen das Gesetz brechen. Das erste Mal, dass ich an einer direkten Aktion teilgenommen habe, ist 20 Jahre her, aber die Aufregung ist immer noch die gleiche, und in meinem Bauch spielen die Schmetterlinge verrückt.

Tausende Menschen haben sich im Laufe der letzten Woche beim Klimacamp auf diesen Tag vorbereitet. Diese alternative Gesellschaft auf Zeit nach dem Vorbild der britischen Camps for Climate Action, die 2006 im Schatten des Kohlekraftwerks des Energiekonzerns Drax entstanden waren, wurde nur wenige Kilometer vom Tagebau entfernt auf dem Feld eines solidarischen Bauern errichtet. Der komplexe Betrieb des Camps wird in täglichen →basisdemokratischen Plena organisiert; dort werden Themen des Alltags, von der Nutzung des WLANs auf dem Feld bis zur Entleerung der Komposttoiletten, diskutiert. Die Infrastruktur ist beeindruckend: Es gibt Solarpaneele zum Aufladen von Mobiltelefonen, ein Kino, ein Zelt mit »emotionaler Erster Hilfe« für alle, die Unterstützung brauchen, zahllose Reihen identischer weißer Zelte für Workshops und ein Zirkuszelt voller Spielsachen für die Kinder.

Menschen aus 45 Ländern haben Kurse und Workshops gegeben und an ihnen teilgenommen – die Themen reichten von Transition Theater über islamische →Degrowth-Ökonomie und Lebensmittelproduktion in Städten bis hin zum Bau einer Windturbine, die nun einen Teil des Stroms für das Camp liefert. Protestcamps sind eine so kraftvolle Form der Architektur des sozialen Wandels, weil ihre Grenzen – anders als etwa bei einer Versammlungshalle, einem besetzten Stadtteilzentrum oder den Büros einer Nichtregierungsorganisation (→NGO) – durchlässig sind. Jede*r kann hineingehen, es gibt keine verschlossenen Türen, an die man erst klopfen muss, keine Klingeln an der Tür und keine einschüchternden Versammlungen, zu denen man gehen muss. Das macht es neuen Aktivist*innen leichter, sich zu beteiligen. Eine besonders geniale Strategie bei diesem Camp war es, das Klimacamp, eine radikal-aktivistische, antikapitalistische, basisdemokratische Bewegung, mit der Degrowth-Sommerschule zu verbinden, einer eher akademischen, NGO-artigen Veranstaltung aus Kursen und Gesprächspodien, zu der im Vorjahr (2014) in Leipzig 3.000 Menschen gekommen waren.

Wie es im 40 Seiten dicken Programm des Camps heißt: »Wenn wir effektive und gerechte Strategien gegen den Klimawandel umsetzen wollen, brauchen wir eine grundlegende Transformation unserer Wirtschaft und unserer Lebensweise. Eine ›Energiewende‹, die nur auf erneuerbare Energien und Energieeffizienz setzt, aber dabei das Wachstumsparadigma aufrechterhält, kann den unkontrollierbaren Klimawandel nicht aufhalten, beseitigt nicht die vielen gesellschaftlichen Ungerechtigkeiten, mit denen wir konfrontiert sind, und sie wird die Gesellschaft auch nicht demokratisieren. Mit dieser gemeinsamen Veranstaltung möchten wir die Debatten um Klimagerechtigkeit und Degrowth verbinden und an den Ort eines zentralen Energiekampfes tragen.«

Im großen Zirkuszelt, das mehrere Hundert Menschen fasst, sprachen Aktivist*innen, die gegen Kohlebergwerke und Atomkraft in Indien kämpfen oder gegen die Ölförderung im Amazonasgebiet, wir hörten von → First-Nations-Gemeinschaften, die sich gegen die Giftkatastrophe des Ölsandabbaus im kanadischen Alberta wehren, und von Öko-Anarchist*innen, die in Baumhäusern leben, um die Ausweitung des Hambacher Braunkohletagebaus zu verhindern. Wir sahen Theaterstücke, die von Geflüchteten und Asylbewerber*innen geschrieben und aufgeführt wurden. Wir debattierten über neue Formen radikaler Demokratie – mit Leuten aus der spanischen Anti-Austeritäts-Bewegung M15, griechischen Anarchist*innen, die von den selbstverwalteten Gesundheits-, Ernährungs- und Produktionssystemen erzählten, die nach dem wirtschaftlichen Zusammenbruch Griechenlands entstanden waren, und einer Person aus

Kurdistan, die von den Versuchen des libertären Munizipalismus in der auf Feminismus, Ökologie und radikaler Autonomie in Nordsyrien beruhenden Nation ohne Staat berichtete. Alle Vorträge wurden von Freiwilligen in mindestens drei Sprachen übersetzt. In der Mitte des Camps steht, wie eine tickende menschliche Uhr, ein riesiges rundes Trampolin, auf dem Scharen aufgeregter Kinder den ganzen Tag herumhüpfen – eine wohltuende Erinnerung an die Zukunft, die mitunter so zerbrechlich scheint.

Die Kunst, sich aufeinander zu beziehen

Die letzten Tage hier standen im Zeichen des zivilen Ungehorsams. Als Erstes ging es um den »Aktionskonsens«, an den sich alle Teilnehmenden halten sollen und der den Grundton der Aktion beschreibt. Dabei wird das Fass von »Gewalt oder Gewaltlosigkeit« gar nicht erst geöffnet, weil auf diese moralisch aufgeladenen Begriffe verzichtet wird. Stattdessen heißt es in dem Dokument: »Wir bleiben ruhig und besonnen. Wir provozieren keine Eskalation. Wir bringen keine Menschen in Gefahr.« Der Konsens besagt auch, dass keine Maschinen beschädigt werden sollen, und zwar nicht aus moralischen Gründen, sondern um die Sicherheit aller Beteiligten zu gewährleisten. Wenn Dinge beschädigt werden, verschärft die Polizei unweigerlich ihre Gewalt gegen uns, und die Strafen für die Blockade oder Besetzung von Kohleinfrastruktur sind geringer als die für Sachbeschädigung. Wenn Leute etwas sabotieren wollen, gibt es in der Gegend ohnehin noch zwei andere Tagebaue, in denen sie sich austoben können (auch wenn wir dazu nicht aufrufen, Anm. d. Red.).

Als ich anfing, mich an direkten Aktionen zu beteiligen, dachte ich noch, dass wir durch öffentlich angekündigte Akte zivilen Ungehorsams nicht nur die fossile Brennstoffindustrie, sondern gleich auch noch die industrielle Zivilisation zu Fall bringen könnten, indem wir »das System« lahmlegen. Doch im Laufe der Jahre wurde mir klar, dass wir, egal wie groß eine Bewegung auch ist, nie genug Leute sein würden, die bereit sind, eine Verhaftung und ein anschließendes langwieriges Gerichtsverfahren zu riskieren. Fragt euch selbst: Sind wir genug, um jeden Tagebau der Welt, jede Ölraffinerie, jede → Fracking-Anlage und jede arktische Bohrinsel stillzulegen, den schwarzen Teersanden in Alberta Einhalt zu gebieten, die Schornsteine aller Kraftwerke in China zu blockieren? Natürlich könnten wir das nicht, nicht einmal für einen Tag, und dabei wissen wir ohnehin, dass ein Tag nicht ausreichen würde.

Der Slogan »*Keep it in the Ground!* – Lasst es im Boden!« sagt sich so leicht. Doch um die Verbrennung von 80 % der weltweiten Reserven fossiler Brennstoffe tatsächlich zu stoppen – und das wäre nötig, um die Katastrophe eines unkontrollierbaren Klimawandels zu verhindern –, brauchen wir jede Taktik, die wir für gerechtfertigt, strategisch sinnvoll und vor allem für effektiv halten. In der Vergangenheit haben diejenigen, die Widerstand geleistet haben, dann gewonnen, wenn sie härter kämpften, als sie es selbst für möglich hielten, und eine vielfältige Palette möglicher Taktiken einsetzten. Eine Taktik, die von den deutschen Bewegungen entwickelt wurde, ist der Einsatz von → »Fingern«, großen Gruppen von Menschen, die sich gemeinsam auf den Weg in die Aktion machen.

Der schönste Teil des Aktionstrainings, an dem wir teilnehmen, sind die Rollenspiele zur Vorbereitung der Finger: schmale Menschenschlangen, die sich durch Polizeiketten schlängeln. Wir versuchen, uns unsere Freund*innen in Sandalen und T-Shirts, die uns in einer Reihe gegenüberstehen, als Polizist*innen in Kampfmontur und mit Schlagstöcken vorzustellen. »Das war jetzt leicht«, sagt Frida, nachdem wir eine Technik ausprobiert haben, bei der wir zuerst einen tanzartigen Schritt seitwärts machen, um dann mit den Schultern voran durch die Linie zu treten, »aber es ist schon klar, dass es an dem Tag nicht so sein wird!« Nervöses Gelächter ringsum.

Einer der wichtigsten Teile des Trainings behandelt den Aufbau einer Bezugsgruppe – ein organisatorischer Ansatz, der das Herzstück einer effektiven direkten Aktion bildet. Eine Bezugsgruppe ist eine Gruppe von fünf bis 15 Personen, die beschließen, während der Aktion zusammenzubleiben, aufeinander aufzupassen und durch Vertrauen und emotionale Unterstützung die einzelnen Teilnehmenden zu stärken. Die Bezugsgruppen sind jeweils autonom; sie werden nicht von einer hierarchischen Kommandostruktur gelenkt, sondern treffen ihre eigenen Entscheidungen, was sie tun (und was nicht). Damit sind sie viel flexibler und reaktionsfähiger als eine größere Gruppe von Menschen. Außerdem erleichtert diese Struktur neuen Leuten die Beteiligung an Aktionen.

Die dezentralisierte und nicht-hierarchische Form der Bezugsgruppen wurde im späten 19. Jahrhundert von spanischen Anarchist*innen erfunden, als Freundeskreise, die in Cafés in der Art eines literarischen Salons zunächst kulturelle und künstlerische Ideen austauschten und dann anfingen, über Politik zu sprechen und gemeinsam Aktionen zu planen. Jahrzehnte später wurde die Idee der Bezugsgruppen in den USA im Zuge der Proteste gegen den Vietnamkrieg vom berüchtigten Kunstaktivist*innen-Kollektiv *Black Mask* wiederbelebt. Viele erfolgreiche Aktionen des massenhaften zivilen Ungehorsams, von den großen Anti-Atomkraft-Blockaden der 1970er Jahre mit bis zu 30.000 Teilnehmenden bis zu den Protesten gegen die Welthandelsorganisation (WTO) in Seattle um die Jahrtausendwende, nutzten Bezugsgruppen für ihre Aktionen.

Bezugsgruppen bilden sich oft darüber, dass die einzelnen Mitglieder ähnliche Vorstellungen von Stil und Art der Aktion haben. In unserer Bezugsgruppe für diesen Tag haben wir alle gemeinsam, dass wir uns nur ungern verhaften lassen wollen. Wir sind gleichzeitig entschlossen, den Tagebau zu betreten, und wissen, dass unsere Chancen, damit durchzukommen, sehr gering sind. Als der Aktionstag näherrückt und je mehr die Aufregung steigt, kommt unsere Gruppe gemeinsam zu der Erkenntnis, dass für einen Akt des massenhaften zivilen Ungehorsams nicht verhaftet werden zu wollen, ein bisschen so ist, als kämpfe man einen Krieg für den Frieden, so dass am Vorabend der Aktion als unser wichtigstes Ziel bestimmt wird, auf einen der Bagger zu gelangen.

Manche Bezugsgruppen bestehen über Jahre, andere finden nur für eine bestimmte Aktion zusammen. Einige in unserer Gruppe sind schon länger befreundet, andere haben sich noch nie vorher getroffen, und für manche ist es ihr erster Akt des zivilen Ungehorsams. Wir sind ein bunt gemischter Haufen, zwischen 21 und 50 Jahren alt, darunter ein türkischer Designer, eine französische Journalistin (die nicht zum Berichten, sondern zum Handeln gekommen ist), eine tschechische Studentin, ein dänischer NGO-Campaigner, ein spanischer Umweltschützer, ein belgischer Ingenieur und eine britische Wissenschaftlerin. Gemäß der Tradition, dass mit der Polizei nicht kooperiert wird, haben wir beschlossen, keine Namen zu nennen, falls wir verhaftet werden. Nicht, weil wir nicht stolz darauf wären, die größte Kohlenstoffbombe in Europa lahmzulegen, sondern weil wir in der Tradition des zivilen Ungehorsams, wie er von Thoreau, den militanten Suffragetten, Martin Luther King, Gandhi und anderen entwickelt und praktiziert wurde, glauben, dass die Nicht-Kooperation mit dem, was falsch ist, ebenso eine Verpflichtung ist wie die Kooperation mit dem, was gut ist.

Und wenn wir darüber hinaus auch noch vermeiden können, die Überwachungsmaschinerie zu füttern, die jede unserer Bewegungen kontrolliert, prüft, misst, filmt, speichert, verfolgt und festhält, dann haben wir gleich doppelt gewonnen. Damit wir anonym bleiben können, hat das »Legal Team für Alle«, das die Aktion mit juristischem Wissen unterstützt, ein ausgeklügeltes System erarbeitet.

Weil ein guter Bezugsgruppenname immer motivierend ist, haben wir uns für den Namen »Mary Poppins« entschieden, unter anderem, weil wir bunte, mit Bildern und Texten besprayte Regenschirme benutzen wollen, die uns Schatten spenden, ein starkes Bild abgeben und uns vor Pfefferspray schützen. Es ist auch eine Anspielung auf die Demokratiebewegungen in Hongkong, die die Regenschirme zu einer feinen Kunst des Widerstands erhoben haben.

Wir haben uns innerhalb der Gruppe jeweils paarweise zusammengetan. Jeweils zwei »Buddies« sollen, falls es besonders chaotisch wird und die größere Gruppe auseinandergerissen werden sollte, unbedingt zusammenbleiben. Isa und ich tun uns wie immer zusammen. Das letzte Mal, als wir Aktionsbuddies waren, bin ich ohne Vorwarnung durch eine Polizeikette gerannt und habe sie auf der anderen Seite zurückgelassen – also genau das, was man NICHT mit seinem Buddy machen sollte. Dieses Mal werde ich versuchen, aufmerksamer und vernünftiger zu sein.

Unsere Bezugsgruppe Mary Poppins wird sich dem internationalen Finger anschließen, einer der vier aus zahlreichen Bezugsgruppen bestehenden Kolonnen, die aus verschiedenen Richtungen in den Tagebau eindringen und auf die Bagger zusteuern wollen. Sobald die Finger die Maschine erreicht haben, kann jede Bezugsgruppe entscheiden, was sie tun und wohin sie gehen will. Unsere hat sich noch nicht entschieden, obwohl mir die Idee, mit riesigen Buchstaben eine Botschaft in den Sand zu schreiben, viel besser gefällt, als bis ganz hoch auf den Bagger, das größte landgestützte Fahrzeug der Welt, zu klettern, mit unserem Banner, auf dem steht: »*Jobs not Coal*«, auf Deutsch: Arbeitsplätze statt Kohle.

Der Philosoph Fredric Jameson schrieb: »Das zentrale Problem der politischen Philosophie (und später der Politikwissenschaft) ist die Verfasstheit von Gruppen.« Wie gehen wir miteinander um? Wie treffen wir Entscheidungen, so dass der Entscheidungsprozess die von uns angestrebte Welt ohne Hierarchien und Herrschaft widerspiegelt? Wie hören wir richtig zu, wie debattieren, widersprechen, entscheiden wir gemeinsam? Und wie können wir heute schon gemeinsam leben, als wären wir bereits frei? Die Bezugsgruppe ist ein schöner Test für viele dieser Fragen. Im Deutschen wie im Englischen stammen die Wörter »Freund/friend« und »frei/free« beide von der gleichen sprachlichen Wurzel ab, die auf die Vorstellung einer »wachsenden, gemeinsamen Kraft« verweist – weit entfernt also von der individualistischen Freiheit des → Neoliberalismus, die oft noch in den radikalsten Köpfen herumspukt: »Ich bin Anarchist! Ich mache, was ich will!« Wie das Unsichtbare Komitee in *An unsere Freunde* erklärt: »Frei sein und verbunden sein ist ein und dasselbe. Ich bin frei, *weil ich verbunden bin*, weil ich an einer Realität teilhabe, die umfassender ist als ich.« In diesem Sinne ist eine Bezugsgruppe ein wunderbarer Beschleu-

Julia Fritzsche • TIEFROT UND RADIKAL BUNT • Für eine neue linke Erzählung
192 Seiten • € 16,00 • ISBN 978-3-96054-192-9

Klaus Gietinger • EINE LEICHE IM LANDWEHRKANAL
Die Ermordung Rosa Luxemburgs
192 Seiten • € 16,00 • ISBN 978-3-96054-096-0

Klaus Gietinger • NOVEMBER 1918
Der verpasste Frühling des 20. Jahrhunderts
272 Seiten • € 18,00 • ISBN 978-3-96054-075-5

Melissa Gira Grant • HURE SPIELEN • Die Arbeit der Sexarbeit
Mit einem Vorwort von Mithu M. Sanyal
192 Seiten • € 14,90 • ISBN 978-3-89401-799-6

Stephanie Haerdle • SPRITZEN • Geschichte der weiblichen Ejakulation
288 Seiten • € 18,00 • ISBN 978-3-96054-215-5

Haus Bartleby (Hg.) • SAG ALLES AB!
Plädoyers für den lebenslangen Generalstreik
160 Seiten • € 14,90 • ISBN 978-3-89401-824-5

Guy Hocquenghem • DAS HOMOSEXUELLE BEGEHREN
200 Seiten • € 18,00 • ISBN 978-3-96054-208-7

Komitee 17 • G20 • Verkehrsprobleme in einer Geisterstadt
98 Seiten • € 10,00 • ISBN 978-3-96054-093-9

Hans-Christian Dany • SCHNELLER ALS DIE SONNE
Aus dem rasenden Stillstand in eine unbekannte Zukunft
128 Seiten • € 12,90 • ISBN 978-3-89401-826-9

Timo Daum • AGILER KAPITALISMUS • Das Leben als Projekt
208 Seiten • € 16,00 • ISBN 978-3-96054-242-1

Timo Daum • DAS KAPITAL SIND WIR • Zur Kritik der digitalen Ökonomie
272 Seiten • € 18,00 • ISBN 978-3-96054-058-8

Timo Daum • DIE KÜNSTLICHE INTELLIGENZ DES KAPITALS
192 Seiten • € 16,00 • ISBN 978-3-96054-190-5

Denkfabrik (Hg.) • VERBÜNDET EUCH!
Für eine bunte, solidarische und freie Gesellschaft
312 Seiten • € 18,00 • ISBN 978-3-96054-255-1

Lars Distelhorst • KULTURELLE ANEIGNUNG
248 Seiten • € 18,00 • ISBN 978-3-96054-268-1

NEU! Ende Gelände • WE SHUT SHIT DOWN
208 Seiten • € 16,00 • ISBN 978-3-96054-292-6

Freundinnen und Freunde der klassenlosen Gesellschaft
KLASSE, KRISE, WELTCOMMUNE • Beiträge zur Selbstabschaffung des Proletariats
160 Seiten • € 16,00 • ISBN 978-3-96054-206-3

niger für Freundschaft, und wenn sie dadurch befeuert wird, dass man gemeinsam das Risiko des Ungehorsams eingeht, wird sie zu einer einzigartigen Liebesmaschine, zu einer Ökologie der Freiheit.

Geisterdörfer

Gestern Abend haben wir Immerath besucht, eines von mehreren Dörfern, die am Rand des Tagebaus liegen und still darauf warten, von dem immer größer werdenden Loch verschlungen zu werden. Die langen Straßen waren menschenleer, Fenster und Türen vernagelt, Fensterläden geschlossen. Die große Kirche mit ihren zwei Glockentürmen war mit Vorhängeschlössern gesichert, und in den verstaubten Fenstern der nahegelegenen Schule hingen Kinderzeichnungen, die von der Sonne ausgeblichen waren. Efeu umrankte kaputte Briefkästen, und einst gepflegte Gärten waren zu Urwäldern geworden. Am Eingang des Dorfs lag ein großer Krankenhauskomplex, mit einer eigenen Kapelle und einem Parkplatz, auf dem das Gras durch Risse im Asphalt wuchs. Auf dem ummauerten Friedhof standen nur noch wenige Grabsteine; daneben waren Dutzende von rechteckigen Flecken mit aufgewühlter Erde, wo die Toten umgebettet worden waren. Seltsame Grabgeister in einem Geisterdorf, das still auf den Tag der Abrechnung wartet. 35.000 Menschen sind aus dieser Gegend bereits vertrieben worden, 7.000 weitere (darunter auch der Bauer, auf dessen Feldern wir kampieren) erwartet ein ähnliches Schicksal.

Vor ein paar Tagen hielt Heather Milton-Lightning, eine Aktivistin der → First Nations mit einem schwarzen Sinn für Humor, abends einen Vortrag, in dem sie den Oka-Widerstand von 1990 erwähnte, eine 78 Tage dauernde Blockade und gewaltsame Auseinandersetzung zwischen Aktivist*innen der First Nations und dem kanadischen Staat, der einen Golfplatz an der Stelle der Ahnengräber der Mohawk bauen wollte. Die Pläne wurden auf Eis gelegt, und die Gräber existieren bis heute. Doch hier scheint es so, als würden die meisten Menschen in dieser kapitalistischen Kultur weder die Lebenden noch die Toten genug ehren, um Widerstand zu leisten. Als wir das Dorf verließen, entdeckte ich an einem der wenigen nicht mit Rollläden verschlossenen Fenster einen mit Klebeband befestigten Zettel, auf dem stand: »In diesem Haus wohnen immer noch Menschen«. Anscheinend haben nicht alle in Immerath aufgegeben.

Laufen ums Leben

»Guten Mooooorgen allerseits … Zeit zum Aufstehen!«, knarzt eine Stimme durch ein Megaphon. »In 45 Minuten gehen wir los … Ende Gelände!« Aus den Zelten dringt ein halb verschlafenes Gejubel. Die Anfangszeit der Aktion wurde bis jetzt geheim gehalten, um die Polizei zu überraschen. Mit müden Augen, aber wach vom aufsteigenden Adrenalin, kommen die Mitglieder unserer Bezugsgruppe zusammen, verteilen Sandwiches und Wasser und schreiben sich mit wasserfestem Stift die Telefonnummer des Legal Teams auf die Beine. Wir ziehen die weißen Schutzanzüge an, die alle bei der Aktion tragen werden, und prüfen den Sitz der Staubmasken, die uns vor den Kohlepartikeln schützen sollen. Da wir nahe der Spitze des Fingers laufen und damit zu den Ersten gehören, die durch die Polizeiketten strömen werden, tragen wir auch einen Augenschutz aus Klarsicht-Folie, von dem wir hoffen, dass er uns vor dem Pfefferspray der Polizei schützen wird. »Wo sind die Regenschirme?« rufe ich über das Trommeln der Sambaband hinweg. »Jemand hat sie schon mitgenommen«, antwortet Martin. »Mary Poppins hat zu wenig Regenschirme!«, lacht er. Die vier Finger stellen sich auf: 1.500 Menschen ganz in Weiß warten, aufgeregte Augen lugen über Staubmasken, bereit zum zivilen Ungehorsam. Das Megaphon ruft »Ende Gelände!« und wir gehen los.

Unser 280 Personen starker Finger ist der erste, der aufbricht. Wir marschieren zügig über Feldwege und singen gegen die kollektive Anspannung an. Um zum Tagebau zu gelangen, müssen wir durch einen engen Betontunnel, der eine Autobahn unterquert. Er ist von zwei Polizeiwagen und drei Reihen Bereitschaftspolizei blockiert. Wir wissen, was zu tun ist. Viele von uns haben für diesen Moment trainiert. Niemand rennt, wir atmen gemeinsam tief durch. »Bleibt zusammen! Bleibt zusammen!« Ich denke an meine Freund*innen in der ersten Reihe, die hauptsächlich aus einer reinen Frauen-Bezugsgruppe besteht. Eine von ihnen sagte gestern Abend zu Isa, dass sie »sich selbst herausfordern« wollten. Gerade klingt das wie eine ziemliche Untertreibung.

Es geht los! Ich senke den Kopf. Körper und Geist, Denken und Handeln, Raum und Zeit – alles schmilzt in diesem Sekundenbruchteil zusammen. Nichts ist mehr wichtig, es ist wie Meditation – aber auf Steroiden. Wie ein unruhiger Fluss fließt der Finger geradewegs in die Polizeikette, von hinten strömt die Schlange nach – 280 Körper, die schieben und drängen. Unsere weichen Körper spüren die klobigen Schutzpanzer, die harten Helme, die schwarzen, gepolsterten Schlaghandschuhe. Waffen, die uns verletzen sollen, dreschen gegen unsere dünnen Strohsäcke. Aus dem Augenwinkel sehe ich einen Schlagstock auf meine Beine zusausen, er trifft mich hart, aber das Adrenalin unterdrückt den Schmerz. Ein Strahl Pfefferspray zielt direkt auf meine Augen, wird aber von dem improvisierten Visier aufgehalten. Einige Menschen fallen hin, ein Haufen Körper, Schreie, ich stolpere. Isa zieht mich aus dem Gedränge hoch und wir rennen. Schneller, als ich es für möglich gehalten hätte.

Der internationale Finger ist unterwegs

Und dann sind wir durch – was für eine Freude in allen Augen! Wir rennen in das vor uns liegende Feld, bis wir merken, dass aus unserer Bezugsgruppe jemand fehlt. »Mary Poppins! Mary Poppins! Sammeln!« Hinter uns werden mehrere Aktivist*innen zu Boden gerungen und verhaftet. Wir können ihnen nicht mehr helfen, die meisten von uns sind durch und wir müssen weiter. Mit uns über die Weizenstoppeln flitzen zwei Hasen, meine Lieblingstiere. Der Hase ist ein uraltes Symbol der Trickbetrüger: der Gestaltwandler, der mit Witz und Weisheit die Obrigkeiten provoziert und die Gesetze beugt – das muss ein gutes Omen sein.

Am Horizont bildet sich eine neue Polizeikette; dunkle, Schlagstöcke schwingende Umrisse, die Gesichter hinter Sturmhauben verborgen. Neben mir geht Tara aus der Bezugsgruppe »Acorn/Eichel«. Sie ist winzig und hat so etwas noch nie gemacht. »Mein Herz schlägt so schnell, als würde es gleich explodieren!« Ihre Augen sind weit aufgerissen. »Es ist ganz normal, Angst zu haben«, sage ich, während ich sehe, wie eine Freundin dem nächsten Schlagstock ausweicht. »Courage kommt von dem französischen Wort für Herz – le cœur.« Ich nehme ihre Hand und wir rennen gemeinsam.

Nach einem kurzen Zögern breitet sich unser Finger über das Feld aus. Wir streben auf die Lücken in der Polizeikette zu. Obwohl wir zehnmal mehr sind als sie, ist es beängstigend. Wieder kommen wir durch. Dann kommen noch mehr Polizeiwagen auf uns zu, einer mit riesigen Lautsprechern auf dem Dach: Eine autoritäre Stimme ermahnt uns; mit meinem miesen Schul-Deutsch verstehe ich aber nur, dass wir irgendetwas nicht tun sollen. Das Pfefferspray fängt an zu brennen, die Leute werden knallrot und winden sich. Samantha hüpft beim Rennen vor Schmerz auf und ab. Es ist so, als würde dir jemand die Haut abziehen und dich in Tabasco-Sauce tauchen, oder wie der schlimmste Sonnenbrand, den du dir vorstellen kannst.

»Vorsicht, Graben!« Wir kraxeln eine steile, abbröckelnde Böschung hinauf, mit ausgestreckten Händen helfen wir uns gegenseitig hinüber. Dahinter geht es in eine nasse Sumpfzone, die von lampenmasthohen Sprinklern beregnet wird. »Das Wasser hält die Tonnen von Kohlenstaub unten«, erklärt uns Mary. Die Dusche lindert für einen kurzen Moment den Schmerz auf unserer brennenden Haut, doch wir müssen weiter. Und dann sind wir da, an der Kante des Tagebaus, und strömen nach unten in den Abgrund, atemlos vom Laufen und vom Erstaunen über das, was sich vor uns erstreckt. Es ist das größte Loch, das ich je gesehen habe: 12 Kilometer breit, 400 Meter tief. Ein Loch, das so vielen Menschen Heimat und Leben genommen hat, ein Loch, das einigen wenigen Geld einbringt und für die meisten Elend bedeutet, ein Loch, das eher auf den Mars als auf diesen Planeten gehört und uns doch ähnlich unbelebte Landschaften bescheren könnte.

Eine Handvoll Bagger ist noch im Einsatz. 222 Meter lang und höher als die Freiheitsstatue, nagen sie an den Rändern der Grube, mächtige stählerne Insekten, die rund um die Uhr die Erde wegfressen. Der Himmel um sie herum ist erfüllt von Wolken aus schwarzem Staub. Jeder von ihnen verbraucht so viel Strom wie eine Kleinstadt und kann pro Tag 2.400 Eisenbahnwaggons voller Kohle ausbaggern. In ihrer ikonischen Monstrosität tauchten sie sogar in den *Tribute von Panem*-Filmen auf, im Hintergrund der apokalyptischen grauen Einöden von Distrikt 12. Es sind Maschinen, die konstruiert wurden, um sich durch Berge zu schneiden, um überall Wüsten zu verbreiten. Die Sonne brennt, der tiefe, pockennarbige Sand erschwert das Laufen. JG Ballard beschrieb Wüsten als »zeitlose Einöden«, Landschaften, die »ihre eigene Zukunft erschöpft haben und somit frei von Zeit sind«. Dieser Ort ist gerade dabei, unsere kollektive Zukunft zu erschöpfen, eine Tonne Kohle nach der anderen.

Weiße RWE-Geländewagen mit Sicherheitsleuten in neonorangen Overalls kommen auf uns zu. Aber sie halten uns nicht auf. Die Sicherheitsleute steigen aus, schauen ratlos und machen Fotos mit ihren Smartphones. Der erste Bagger ist etwa zwei Kilometer entfernt, er scheint fast zum Greifen nah. Allmählich entspannt sich die Stimmung und wir verfallen vom Rennen ins Gehen. Vielleicht kommt die Polizei gar nicht in den Tagebau, es ist schließlich privates Firmengelände. Die Leute unterhalten sich, es wird gesungen – »Bagger ciao, Bagger ciao, Bagger ciao ciao ciao«. Wir haben es geschafft, wir haben es in den verdammten Tagebau geschafft. Mike dreht sich zu mir um, der Schweiß rinnt ihm von der Stirn: »Es ist schwer, sich die zehn zerstörten Dörfer vorzustellen, die mal hier in dieser Leere lagen. Ich frage mich gerade, wo in diesem Nichts wohl die Bäckerei, die Kneipen und die Bauernhöfe schweben würden.«

Die Ruhe währt nur kurz, bis aus einer sandigen Staubwolke weitere RWE-Geländewagen auftauchen, diesmal mehr als ein Dutzend. Sie kommen von hinten, jagen uns. Von den Ladeflächen ragen die unheilverkündenden dunkelgrünen Gestalten der Bereitschaftspolizei. Wir fangen wieder an zu rennen. Der Sand saugt mir meine ganze Lebensenergie aus. Ich kann einfach nicht mehr. Ich will aufgeben. Doch dann ergreift jemand meine rechte Hand, jemand anderes greift nach der anderen. Wir bilden eine Menschenkette: 200 Körper, die sich von einem der surrenden, 16 Kilometer langen Förderbänder bis zur Abbruchkante des Tagebaus erstrecken, eine Barrikade aus Fleisch und Blut gegen die Geländewagen. Wie Ameisen mit ihrer Magie der kollektiven Intelligenz choreographieren sich unsere Körper wortlos, durch schiere rebellische Intuition und eine gesteigerte Aufmerksamkeit.

Vor uns tauchen weitere Lastwagen auf. Die Polizei springt heraus. Ich verliere den Überblick, wie viele Polizeiketten wir heute überwunden haben – waren es drei, vier? Mein Kopf will unbedingt zur Maschine gelangen, aber ich habe das Gefühl, als würde mein Körper es nicht schaffen. Ich habe mir noch nie gewünscht, verhaftet zu werden, doch ein Teil von mir betet gerade dafür, nur damit ich nicht mehr weiterrennen muss, mich hinlegen kann, meine Beine wieder spüre. Noch mehr Pfefferspray, Schlagstöcke, Verhaftungen. Um uns herum fallen Körper in den Sand. Irgendwie schlüpfen wir noch einmal durch. Alles verschwimmt. Wir werden von Dutzenden dunkler Gestalten umringt. »Sie wollen uns einkesseln. Bleibt zusammen! Ausbruch! Ausbruch!« Ein letzter Hoffnungsschrei, aber wir wissen, dass wir nicht die Kraft haben, es bis zur Maschine zu schaffen. Sie ist nur 800 Meter entfernt, könnte aber ebenso gut auf der anderen Seite der Welt sein.

Dann fallen wir hin, erst Isa, dann ich, über uns der Schatten eines Bereitschaftspolizisten. Wir könnten wahrscheinlich noch einmal abhauen, er kann uns nicht beide packen. Isa sieht zu mir auf: »Ist es vorbei?«, frage ich. »Ja«, flüstert sie. Ich bin unendlich erleichtert. Mein Körper verschmilzt mit dem Sand, wir kauern uns aneinander und warten auf den Schmerz des Knüppelschlags, der wie durch ein Wunder nie kommt. Weiter vorne schafft es der Rest unseres Fingers, etwa dreißig Leute, noch ein paar hundert Meter weiter in Richtung des Baggers, aber auch sie sind bald umzingelt.

Das Gerenne ist vorbei, jetzt kommt das unendliche Warten. Die Polizei fesselt uns mit Kabelbindern die Hände hinter dem Rücken. Wir sind wohl an die hundert Menschen, die hier tief in diesem Loch im Sand knien, eingekreist von Männern und Frauen, die bezahlt werden, damit sie uns davon abhalten, das Leben zu schützen. Einige von uns schreien vor Schmerzen wegen des Pfeffersprays, andere versorgen ihre Wunden. Malvin kann in seiner rechten Hand nichts mehr spüren. Ein Krankenwagen kommt, dieselben Polizist*innen, die ihn vor einer Stunde noch verprügelt haben, bringen ihn nun zu den Sanitäter*innen. Sie wollen seinen Ausweis sehen, er weigert sich. »Kein Ausweis – kein Sanitäter«, sagen sie. Empört führt ein Sanitäter Malvin von der Polizei fort. »Er kommt mit uns mit«, sagt er, »da können Sie machen, was Sie wollen!«

Die Polizei nimmt ihre Helme ab. Ich unterhalte mich mit einem jungen Beamten. »So protestiert man nicht«, sagt er zu mir. Ich antworte ihm: »Alles, was Sie für selbstverständlich halten, dass Frauen Hosen tragen dürfen, das Wahlrecht, das Recht auf Verhütung, das Recht auf ein Wochenende, auf Gewerkschaften, den Achtstundentag, all das haben Sie, weil irgendwann Menschen die Gesetze ihrer Zeit missachtet haben.« Er nickt. »Vielleicht haben Sie recht, aber damals ging es um Menschenrechte.« Ich zeige auf den Bagger: »Diese Kohle, die heute verbrannt wird, hat Auswirkungen auf die Menschen ... Dürren, Ernteausfälle, Überschwemmungen – man rechnet damit, dass der Klimawandel in den nächsten 18 Jahren 100 Millionen Menschen das Leben kosten wird, die meisten davon in Ländern, die nur sehr wenig CO_2 produzieren. Haben diese Menschen etwa keine Rechte?« Er schaut weg, wir hören auf zu reden.

Noch mehr Verhaftungen

Neun Stunden bleiben wir in der brennenden Sonne und schaffen es irgendwie, uns gegenseitig Schatten und Akte zärtlicher Solidarität zu spenden. Da wir nicht mit unseren Händen essen können, reichen sich die Menschen Essen von Mund zu Mund und küssen dabei relativ Fremde. Einige verrenken sich, um anderen beim Trinken zu helfen und ihnen das Pfefferspray aus den Augen zu waschen. Laura massiert sanft unsere brennenden Hände. Einige improvisieren ein Volleyballspiel und andere schaffen es sogar, mit auf dem Rücken gefesselten Händen ein Frisbee zu werfen. Das Gefühl der kollektiven Freude ist nicht verschwunden, es ist nur ein Hauch von Absurdität dazugekommen. Die Kraft der kollektiven Liebe, die der massenhafte zivile Ungehorsam hervorbringt, können sie uns mit ihren Waffen oder ihren Gefängnissen nicht nehmen, sie ist mächtiger als alles, was sie gegen uns aufbringen. Dann kommen die Nachrichten von den anderen Fingern. Alle haben es in den Tagebau geschafft, und der gelbe Finger hat einen Bagger besetzt. Alles steht still – tausende Tonnen CO_2, die heute nicht freigesetzt werden.

Die Fahrt ins Gefängnis

Es ist 22 Uhr. Hunderte von uns werden in mehrere Linienbusse gezwängt und zu Gefängnissen gefahren, wo extra für uns spezielle Käfige gebaut wurden. Ein Polizeikonvoi mit Blaulicht begleitet uns ins 30 Kilometer entfernte Aachen. 800 Menschen wurden verhaftet. Das Problem ist, dass so viele von uns beschlossen haben, anonym zu bleiben, dass die staatliche Bürokratie zusammengebrochen ist. Noch nie hatte sie mit so vielen Menschen zu tun, die sich weigern zu kooperieren. Als wir bei der Polizeiwache ankommen, findet draußen bereits eine Solidaritätsdemonstration statt.

Die Stunden des Wartens im Bus vertreiben wir uns mit politischen Diskussionen, absurden Spielen, Witzen und dem Austausch von Geschichten von der Aktion. »So einen Tag hatte ich noch nie«, sagt Joe, der kaum älter als 16 sein dürfte. »Es war wie ein Videospiel, nur in echt, dass die Polizei dich jagt und du immer zum nächsten Level kommen musst.« Dann holen sie uns einzeln aus dem Bus und versuchen erneut, unsere Namen und Fingerabdrücke zu bekommen, wobei sie mit noch ernsteren Konsequenzen drohen, sollten wir uns weigern. Es wird eine lange Nacht werden.

Das Adrenalin baut sich allmählich ab und Langeweile macht sich breit. Draußen regnet es, und wir haben all unser mitgebrachtes Essen aufgegessen. Die Leute schlafen eingerollt in Embryonalstellung. Während die Zeit heute früh noch stillstand, scheint sie jetzt wie eine endlose Last. Von Zeit zu Zeit kommen Leute, die bereits abgefertigt wurden, aus dem Gefängnis und schließen sich der Demo an, und wir winken und jubeln ihnen zu.

Dann steigen ohne Vorwarnung ein paar Beamt*innen in den Bus, der Motor wird angelassen und die Türen geschlossen. Langsam fährt der Bus vom Gelände. Wo fahren wir hin? »Sie bringen uns zum Bahnhof!«, ruft jemand, »wir sind frei!« Gelächter, Beifall, Ungläubigkeit. Alle im Bus stimmen ein Lied an: »*Power to the people, the people have the power*«, die Party geht los und sie dauert bis weit in die Nacht hinein, als wir schon längst zurück im Camp sind, das vom unwiderstehlichen Rausch des Erfolgs brummt. Selten schenkt uns die Geschichte solche Tage.

Das ändert alles

An diesem kurzen Tag änderte sich für die europäische Bewegung für Klimagerechtigkeit alles. Tausende erlebten eine kollektive Kraft, wie sie im konkurrenzorientierten, gefügigen Individualismus des Kapitalismus selten zu spüren ist. Ich habe noch nie so viele Menschen gesehen, die sich so weit aus ihrer Komfortzone herausgewagt und zum ersten Mal an einer direkten Aktion teilgenommen haben. Noch nie war ich Teil eines so disziplinierten, entschlossenen zivilen Ungehorsams mit einer so fein abgestimmten Balance: weder die harte, machohafte Haltung von »Ich bin radikaler als du«, noch die belehrende, selbstgerechte Falle des höflichen Pazifismus. Bei Ende Gelände verschmolzen direkte Aktion, bei der es um Störung und unmittelbare Erfolge (den Tagebau lahmzulegen) geht, mit zivilem Ungehorsam, bei dem oft mittels eines »illegalen« Akts an die Machthabenden appelliert werden soll. Auf diese Weise könnte eine neue Form von Taktik und Aktionskultur (wieder-)entstehen. Wie schon die US-amerikanischen Bürgerrechtsbewegungen wussten, ändert sich die Gesellschaft nicht, indem man Menschen überzeugt, nicht durch bloße Bewusstseinsveränderung, sondern indem man finanzielle Verluste für Unternehmen verursacht. Damals waren es Busunternehmen, Geschäfte und Restaurants, die rassistische Segregation praktizierten, heute ist es die fossile Brennstoffindustrie.

Es ist an der Zeit, dass wir uns von den rein symbolischen und ritualisierten Formen des Protests verabschieden und uns Taktiken aneignen, die in einem angemessenen Verhältnis zu den Problemen stehen. Unsere Taktiken sollten sich daran messen, wie effektiv sie sind, nicht daran, ob sie irgendwelche wertebeladenen Prinzipien einhalten. Wird diese Blockade funktionieren? Werden uns Massenverhaftungen aufrütteln oder schwächen? Wäre Sabotage gerade eine bessere Option? Sind für diesen Aktionstag kleine Aktionen in Bezugsgruppen oder massenhafter ziviler Ungehorsam besser? Dies sind Fragen, die wir uns stellen sollten. Wir müssen eine Kultur schaffen, die eine Vielfalt von Taktiken einbezieht, und gleichzeitig in der Lage sein, uns wenn nötig auf einen klaren Aktionskonsens zu einigen. Das erfordert mehr gegenseitiges Zuhören, mehr Aufmerksamkeit, und öfter auch mal eine gefestigte Haltung aufzugeben.

Doch je erfolgreicher wir werden, desto mehr Repression werden wir auch erleben. Ich habe den Aufstieg und Fall der Antiglobalisierungsbewegung und von → Occupy miterlebt. Keine dieser Bewegungen war auf die unvermeidliche Repression, die auf sie zukam, vorbereitet. Der liberale Mythos »Wenn wir gewaltfrei sind, wird der Staat uns gegenüber nicht gewalttätig« muss ein für alle Mal begraben werden, denn er ist gefährlich und strategisch nutzlos. Sobald du anfängst, Erfolg zu haben, bekämpfen sie dich härter, als du es dir je vorstellen konntest. Getreu der Devise »Teile und herrsche« werden die Bewegungen erst gespalten und anschließend vereinnahmt und verdaut. Nur in einem offenen Raum des zivilen Ungehorsams, in dem wir die Aktionen der anderen nicht verurteilen, bleiben wir stark. Wir müssen in Einheit und Vielfalt zusammenhalten, so wie die vielfältigen Netzwerke der widerstandsfähigen Ökosysteme, die wir schützen.

An diesem Tag, in diesem monströsen Loch wurde ein Funke freigesetzt, der das Feuer einer internationalen Bewegung zivilen Ungehorsams für Klimagerechtigkeit entzünden kann, einer Bewegung, die schneller (auf-)steigt als die globalen Temperaturen. Doch Mut braucht es nicht nur in diesen kurzen heroischen Momenten, sondern auch auf lange Zeit – indem wir immer weitermachen, immer wieder das »*business as usual*«, den gewöhnlichen Ablauf der Dinge stören, immer wieder zivilen Ungehorsam praktizieren, trotz all der Höhen und Tiefen, die uns auf diesem Abenteuer unweigerlich begleiten werden.

Kurz bevor ich mich vom Camp auf die lange Heimreise mache, treffe ich Tara an der mobilen Bäckerei, die in dieser Woche über anderthalb Tonnen Bio-Brot gebacken hat. »Geht es dir gut?«, frage ich. Auf ihrem herzförmigen Gesicht erstrahlt ein breites Lächeln. »Es war außergewöhnlich. Und weißt du was – ich habe vor lauter Aufregung vergessen, vor der Aktion meinen Pass aus der Tasche zu nehmen. Aber als ich im Kessel war, habe ich es irgendwie geschafft, ihn im Sand zu vergraben, und das mit Handschellen! Und jetzt liegt er immer noch dort im Tagebau!« Ich lache laut auf. »Wir sehen uns dann in Paris beim Klimagipfel zu den Climate Games!«

Viele Hände für den Kohleausstieg: meine erste Ende-Gelände-Aktion 2017

Von Manni

November 2017 während des Klimagipfels in Bonn. Ein großes buntes Zirkuszelt auf einer Wiese am Rheinufer. Darum herum mehrere Pavillons, zwischen denen Menschengruppen umherwuseln, manche davon in weißen Schutzanzügen. Mitten auf der Wiese eine lange Schlange, die scheinbar für das Mittagessen ansteht.

Mein bester Freund Marlon und ich sind zum ersten Mal hier. Zwar erkennen wir die eine oder andere Person, trotzdem wissen wir erst einmal nicht so richtig wohin mit uns. Wir stellen uns für das Mittagessen an, um dann ein Linsengericht zu löffeln und von etwas abseits das Gewusel zu beobachten und uns zu orientieren. Wir bleiben länger sitzen, es ist sonnig und warm für November. Wir sind etwas eingeschüchtert, aber doch gespannt, ein bisschen so, als seien wir auf einem unbekannten Planeten gelandet. Um einen Baum herum sitzt eine Gruppe und lauscht einer Person, die von Gesetzen redet; eine andere Gruppe weiter hinten scheint miteinander zu rangeln. Dass es sich dabei um Aktionstrainings handelt, können wir uns denken, als wir vor einem Flipchart stehen, auf dem das Programm des heutigen Tages aufgelistet ist. Was außerdem ansteht: großes Plenum für alle am Abend. Wir wissen nicht so recht, ob wir ein Aktionstraining brauchen oder wo wir sonst dazustoßen können, also schlendern wir zu den drei nebeneinander aufgebauten Wannen, um eine Weile an der Spülstraße für das Geschirr des Mittagessens zu helfen.

Viele hier scheinen zum ersten Mal bei einer Ende-Gelände-Aktion dabei zu sein. Die meisten sind dafür extra angereist; die Spülstraße ist ein geeigneter Ort, um Menschen kennenzulernen und sich, fast ohne es zu merken, ein paar neue Vokabeln anzueignen. Legal Team. Mahnwache. Bezugsgruppe. Finger in den verschiedensten Farben. »Schade, dass es diesmal kein Camp gibt.« Ich weiß nicht so richtig, wieso das schade ist und was auf einem solchen Camp sonst passiert, aber im Laufe des Nachmittags sprechen Menschen um mich herum mit einer solchen Selbstverständlichkeit von »Buddies« und Sekundenkleber, dass sich meine Unsicherheit langsam legt. Dank Beobachtungen, Spülstraßenbekanntschaften und Gesprächen habe ich vor dem großen Plenum das Gefühl, alles zu wissen, was ich wissen muss, aber erst als ich in dem Zirkuszelt eng gequetscht mit mehreren hundert Menschen sitze, verstehe ich, dass es sich bei der Vielzahl von für mich neuen Wörtern und Symbolen keineswegs einfach um Begriffe der linken »Szene« handelt, sondern dass sie vor allem für eine reibungslose Kommunikation und Organisation einer Aktion mit vielen Menschen sorgen. Am Ende des Abends habe ich einen Buddy (eine Person, mit der ich ein Duo bilde, wir werden während der Aktion aufeinander achtgeben), eine Bezugsgruppe (eine Kleingruppe, die während der Aktion möglichst zusammenbleibt), weiß, welchem Finger, also welcher größeren Gruppe von Aktivist*innen, wir uns anschließen werden (dem grünen) und dass ich meinen Ausweis am nächsten Tag nicht bei mir tragen werde.

Den Aktionstag selbst in Worte zu fassen, und das auf ein paar Seiten, fällt mir wahnsinnig schwer. Jedenfalls war ich mindestens 18 Stunden auf den Beinen – 18 Stunden mit wahnsinnig viel Adrenalin, in denen ich – oder besser wir als

Gruppe – die unterschiedlichsten Stimmungen durchmachte. Ziel der Aktion war es, die Bagger in der Kohlegrube Hambach zu blockieren. Am frühen Morgen sammelten sich am Bahnhof Buir ca. 4.500 Aktivist*innen, eine Zahl, die wohl die Erwartungen aller übertraf. In einem Demonstrationszug spazierten Menschen aller Altersklassen und aus allen Teilen Europas durch den kleinen Ort, bis irgendwann die fünf Finger in unterschiedliche Richtungen aufbrachen. Trotz des ernsten Themas, der Sorge wegen Repression und der Ungewissheit, was der Tag noch mit sich bringen würde, war die Stimmung am Morgen heiter: Es war sonnig, es wurde viel gesungen, geschmierte Brote wurden geteilt, und wären die Dörfer, an denen wir vorbeispazierten, nicht schon so ausgestorben, weil sie bald den Baggern weichen sollten, hätte es sich fast wie ein Sonntagsspaziergang angefühlt. Zwischendrin wurde triumphiert, weil ein Transporter es an der Polizei vorbeigeschafft hatte, um uns mit Strohsäcken zum Draufsitzen zu versorgen, und mittags wurde beim Picknick auf einer Wiese über die Nachricht gejubelt, dass der rote Finger bereits in der Kohlegrube angekommen sei.

Irgendwann schlug die Stimmung aber um, weil wir plötzlich am Rande einer Kohlegrube standen – vor uns die Bagger, die Förderbänder und vor allem: eine Kette Polizist*innen. Plötzlich musste alles schnell gehen, plötzlich verstand ich, wie hilfreich es ist, eine Bezugsgruppe zu haben. Statt alleine vor Schreck irgendwo hinzurennen, entschieden wir als Gruppe, die Polizeikette zu durchfließen. Mein Buddy schaffte es nicht an den Polizist*innen vorbei, wir winkten uns aber nochmals zu, bevor er mit ein paar anderen umdrehte und ich mit dem Rest unter dem Förderband durchkroch, um dann mit hunderten anderen in der Grube zu stehen. Ich war überrascht und überfordert, gleichzeitig erschrocken, weil wirklich viele Menschen Pfefferspray von der Polizei abbekommen hatten, eine meiner Freundinnen aus nächster Nähe. Gleichzeitig waren wir euphorisch, weil die Bagger gestoppt waren und wir mit hunderten Menschen in einem unüberschaubar großen Kreis in der Grube standen und von noch mehr Menschen außerhalb der

Grube angefeuert wurden. Wir blieben lange so stehen, tanzten uns warm, besprachen das weitere Vorgehen und wurden immer über die aktuelle Situation in den Verhandlungen mit der Polizei informiert. Am Ende waren wir eingekesselt von Polizist*innen – teils auf Pferden. Nach Verhandlungen machte die Polizei von jeder*m von uns ein Foto. Wir wurden in Polizeibussen aus der Grube gefahren und konnten, bevor es richtig dunkel wurde, zur nächsten Mahnwache laufen, wo wir mit Suppe und Tee empfangen wurden.

Ziviler Ungehorsam. Das ist wohl ein Wort, das auf unterschiedliche Menschen unterschiedlich wirkt. Das einige vielleicht zusammenzucken lässt und für manche meiner Freund*innen irgendwie groß oder gefährlich ist. Ich hatte durch meine wesentlich erfahreneren Freund*innen und Mitbewohner*innen zwar einen Zugang zu dem Thema, aber trotzdem einige Fragen im Kopf. Ich wusste nicht, welche Gefühle in mir hochkommen würden, wenn ich vor einer Polizeikette stehen würde, ich konnte nicht einschätzen, wie wahrscheinlich es war, am Ende in der Gefangenensammelstelle der Polizei zu sitzen und auch nicht, wie ich mich in diesem Falle verhalten sollte. Ich fragte mich, ob ich möglicherweise zu unerfahren sei, zu jung, ob mich meine Hörbehinderung, die es mir in großen Gruppen sowieso sehr schwer macht, vielleicht einschränken würde.

Aber massenhafter ziviler Ungehorsam funktioniert nur mit vielen Menschen. Die Aktionen, die Ende Gelände organisiert, haben vor allem ein Ziel: die Infrastruktur des Kohleabbaus zu blockieren, aber so, dass die Sicherheit aller Beteiligten höchste Priorität hat. Natürlich habe ich lange vor der Aktion den Aktionskonsens gelesen, in dem Ende Gelände beschreibt, wie die Aktion ablaufen soll. Darin steht zum Beispiel: »Wir wollen eine Situation schaffen, die für alle Teilnehmenden transparent ist und in der wir aufeinander achten und uns unterstützen.« Trotzdem hat mich bei der Aktion (und bei Aktionen, bei denen ich seitdem dabei war, immer wieder) beeindruckt, wie sorgfältig geplant sie sind und was für eine wahnsinnig durchdachte Infrastruktur auf die Beine gestellt wird, damit sich alle Aktivist*innen unterstützt und nicht alleine fühlen, damit jede*r einen Platz in der Aktion findet, an dem er*sie sich wohlfühlt, sei es in der Grube selbst oder als Unterstützung darum herum.

Die Aktion im November 2017 war für viele die erste Aktion. Ich war nicht die Einzige, für die die Abläufe neu, die Wörter ungewohnt und die Unsicherheiten viele waren. Mein Freund Marlon konnte nicht mit mir in die Grube, weil er zu dem Zeitpunkt eine Fußverletzung hatte; stattdessen fuhr er den ganzen Tag mit seinem Auto Menschen und Dinge von A nach B. Andere unterstützten, indem sie für alle kochten oder an Mahnwachen gegen den Kohleabbau protestierten und auf die Aktion aufmerksam machten. Menschen, die Kinder dabeihatten oder für die die Grube einfach nicht barrierefrei genug ist, konnten sich dem bunten Finger anschließen, der eine Straßenblockade plante.

Beeindruckt haben mich vor allem die Logistik und die Durchdachtheit der ganzen Planung. Es schien mir, als gäbe es für jedes mögliche Problem bereits einen Plan, außerdem Pläne B und C. Auch wenn ich eine der wenigen → nicht-*weißen* Personen war, hatte ich das Gefühl, dass Menschen, die bereits harte Repression erfahren haben, ebenso mitgedacht wurden wie Menschen, die noch nie Polizeikontakt hatten, dass es oberste Priorität hatte, alle Bedürfnisse der Beteiligten abzudecken, sei es durch Essen und Trinken oder emotionale, rechtliche, psychologische oder medizinische Unterstützung.

Als wir am Sonntagnachmittag in der Kohlegrube standen, wurde es wahnsinnig kalt. Niemand konnte mehr einfach so umdrehen, stundenlang standen wir in der Grube im Kreis – müde, frierend und erschöpft. Die Polizei verhielt sich uns gegenüber rücksichtslos und unverhältnismäßig: Nicht nur der massive Einsatz von Pfefferspray war erschreckend, auch wurden Menschen durch Schläge und durch die Polizeipferde verletzt. Die Stimmung hätte kippen können, und dass sie nicht gekippt ist, ist vor allem ein Zeichen für die gute Vorbereitung der Aktion. Alle Aktivist*innen hatten Wärmedecken, die meisten auch Strohsäcke, um sich daraufzusetzen. Es waren gut ausgestattete Sanitäter*innen in der Grube, außerdem Menschen, welche die Aktion (und die Repression) dokumentierten. Alle zwanzig Minuten trafen sich Delegierte aus jeder Bezugsgruppe in der Mitte des Kreises, damit wir uns besprechen konnten. Die Kommunikation lief dabei so strukturiert ab, dass ich zu jedem Zeitpunkt das Gefühl hatte zu wissen, wie die Lage war, und damit teilweise besser informiert schien als die Polizei.

Was mir nach diesem Wochenende als Eindruck geblieben ist, ist vor allem, was es heißt sich zu organisieren. Nie zuvor habe ich mich in einer großen Gruppe so gut organisiert gefühlt, nie mit so vielen Menschen gemeinsam Entscheidungen getroffen und getragen. Ende Gelände war für mich ein logistisches Meisterwerk, aber vor allem der Beweis, dass es sich lohnt, sich zu organisieren. Hunderte Menschen haben tage- und wochenlang geplant und strukturiert, um einen reibungslosen Protest für alle – egal ob protesterfahren oder nicht – auf die Beine zu stellen. Einen Protest, an dem sich alle beteiligen konnten, die es angesichts der Dringlichkeit der Klimakrise für notwendig halten, mehr zu tun als zu demonstrieren.

In der Woche, in der ich diesen Text schreibe, wurde entschieden, dass »Pödelwitz bleibt!« Als ich im August 2018 das letzte Mal in dem sächsischen Ort war, stand ein großer Teil der Häuser leer, weil sie bald den Plänen der Mitteldeutschen Braunkohlengesellschaft, der mittlerweile alle Häuser gehören, weichen sollten. Dass das Dorf erhalten bleibt, ist nur ein kleiner Erfolg, aber solange das Thema Klima nicht mit der erforderlichen Dringlichkeit die politische Agenda bestimmt, werden Aktivist*innen den Kohleausstieg weiter selbst in die Hand nehmen. Und dabei werden viele Hände gebraucht!

Mit dem bunten Finger unterwegs: Ende Gelände 2019

Von Kalinia

In dem Jahr vor meiner ersten Ende-Gelände-Aktion folgte ich einer Person bei Facebook, die während der Aktion filmte. Schon damals wäre ich gerne dabei gewesen, habe aber lediglich Ende Gelände bei Facebook geliked. Ungefähr ein Jahr später wurde ich dort auf Veranstaltungen aufmerksam: Anzüge bemalen im Görlitzer Park in Berlin, Aktionstrainings und Infoveranstaltungen. Aber es kam immer etwas dazwischen, so dass ich nie teilnehmen konnte. Dann kam der Sonntag vor der Aktion und damit die letzte Infoveranstaltung, bevor es losging. Diesmal klappte es und ich fuhr spontan nach Berlin. Der SO36-Klub in Berlin-Kreuzberg war voll. Es waren Bänke aufgestellt und auf der Bühne erzählten Aktivist*innen von ihren Erfahrungen bei Ende Gelände. Ich sah Filme, in denen die Aktivist*innen in einer Formation durch Polizeiketten laufen und in die Grube runterrennen. Ich hatte in dem Moment zwei Gefühle: Einerseits war ich total motiviert und super begeistert und andererseits war ich traurig und demotiviert, da ich wusste, dass ich dabei im Rollstuhl niemals mitmachen könnte …

Bei der Fragerunde im Anschluss traute ich mich nicht, vor allen Menschen zu fragen, ob es irgendwelche Möglichkeiten gäbe, im Rollstuhl teilzunehmen. Aber dann sah ich eine Bekannte, die mir sagte, dass es dieses Jahr einen →inklusiven Finger (da hieß er noch »Rolli-Finger«) geben würde. Sie gab mir eine E-Mail-Adresse, an die ich schreiben sollte, um meine Schlafsituation abzuklären, da ich als Rollstuhlfahrerin kein Zelt mitnehmen konnte. Schließlich kaufte ich mir doch noch ein Ticket, um drei Tage später mit dem Bus ins Rheinland zu fahren.

Die Zeit verging wie im Fluge. Schon war es Mittwoch, der Tag der Reise. Die Nacht vorher konnte ich nicht gut schlafen. Ich machte mir Sorgen, wie alles werden würde, ob mir Menschen in den Bus helfen würden und wie es wäre, wenn ich ankam. Im Bus traf ich Helene, eine alte Klassenkameradin. Sofort fielen alle Sorgen von mir ab. Die Busfahrt war sehr schön, wir lachten und sangen Aktionslieder. Nach sechs Stunden Fahrt kamen wir endlich auf dem Camp in Viersen im Rheinland an. Helene schob mich aufs Gelände. In einem Zelt für Menschen mit Rollstuhl legte ich meine Sachen ab und gemeinsam mit Luzy, einem Freund, mit dem ich mich verabredet hatte, gingen und rollten wir weiter, um das Camp zu erkunden. Es sah fast aus wie auf einem Festival mit den ganzen Zelten, dem großem Zirkuszelt, dem Info-, →Awareness- und dem Materialzelt, den Essensständen und Dixiklos. Es war ein großartiges Gefühl. So, als ob wir in einer Parallelwelt angekommen wären, in der der Kapitalismus schon längst abgeschafft war.

Am nächsten Tag, bei einem Plenum des »Rolli-Fingers«, merkte eine andere Rollstuhlfahrerin an, dass sie den Namen des Fingers ziemlich blöd finde. Dies erhielt viel Zuspruch und so waren wir nicht länger der »Rolli-Finger«, sondern der bunte Finger. Wir würden mit einem Linienbus zur Aktion fahren, damit Rollstuhlfahrer*innen über die Rampe einfach rein- und rausrollen könnten. Ein Problem, mit dem sich der bunte Finger auch in späteren Aktionen immer wieder befassen musste: Im Vergleich zu anderen Fingern hatte er einfach zu wenige Menschen. Es war noch einiger Mobilisierungsaufwand auf dem Camp nötig, schließlich war der Bus aber gefüllt.

Und dann kam der Tag der Aktion. Als wir alle im Bus saßen und bereit waren zum Losfahren, war ich mega aufgeregt. Meine erste Aktion zivilen Ungehorsams! Da wir allerdings eine Weile fuhren, bis wir ankamen, flachte die Aufregung etwas ab. Wir fuhren an den Kohlegruben vorbei, riesigen Löchern, die dystopisch, hässlich und schön zugleich sind und an die Oberfläche des Mondes erinnern. Eine unglaubliche Zerstörungskraft ging von dem Anblick aus.

Unser Ziel war eine Mahnwache am Rande des Tagebaus. Dort angekommen, warteten wir eine Weile, ich kann nicht sagen, ob es zehn Minuten oder eine Stunde waren. Und dann kam das Signal: Jetzt auf die Straße! Also rollten und gingen wir langsam auf die Straße und die anderen setzten sich auf den Boden – ich saß ja schon. Ich saß ganz vorne hinter unserem Banner, über uns hatten wir Rettungsdecken gespannt, um uns vor der Sonne zu schützen. Einige Zeit später kam dann die Polizei. Sie wollte die Straße befahren, um eine andere Gruppe von Aktivist*innen daran zu hindern, in die Grube zu gelangen. Es standen etwa zehn behelmte Polizist*innen vor uns und drohten an, uns zu räumen. Ihr Auftreten war extrem einschüchternd. Ich hatte direkten Blickkontakt zu den Polizist*innen, da ich im Rollstuhl sitzend höher war als die am Boden Sitzenden und mir das Banner nur bis zum Kinn reichte. Und ich vergaß alles, was ich zuvor mit Luzy besprochen hatte, nämlich dass wir so lange wie möglich auf der Straße bleiben würden. Wenn die Polizei sagt, wir müssen gehen, dann müssen wir gehen, dachte ich.

Doch dann stimmten einige von uns im Chor ein Lied an: »Hejo, leistet Widerstand. Gegen die Braunkohle hier im Land! Auf die Barrikaden. Auf die Barrikaden!« Und ich sang mit. Das war eines der schönsten Gefühle meines Lebens, dass wir nur mit der Kraft unserer Stimmen und unserer Anwesenheit die Polizei zum Abzug bewegen konnten. Sie fuhren dann einfach über den Acker. Das dauerte aber genau die fünfzehn Minuten, die andere Aktivist*innen brauchten, um in die Grube zu gelangen. Wir hatten erfolgreich Polizeikräfte gebunden!

Der Bus sammelte uns schließlich ein und brachte uns zurück zum Camp. Die letzten fünfzig Meter liefen wir. Wir wurden mit Trommeln und Musik in Empfang genommen. Das war ein so tolles Gefühl, dass ich beinahe weinen musste.

Später, ich weiß nicht mehr, ob es derselbe Tag war oder der nächste oder der übernächste, kam ein Mensch auf mich zu. Völlig verschwitzt, extrem müde und dreckig. Er fragte mich, ob es ok wäre, mich zu umarmen, er sei mir so dankbar, dass ich (wir) die Polizei aufgehalten hätten und er in die Grube gelangen konnte. Ich konnte nicht ganz verstehen, warum er gerade mir so dankbar war, schließlich war er es, der gerade 48 Stunden in der Grube gewesen war. Damals war mir noch nicht so bewusst, dass die Heroisierung be_hinderter Menschen auch ein Teil von →Ableismus ist, also der Diskriminierung von Menschen aufgrund körperlicher und/oder psychischer Fähigkeiten.

Die letzten Tage auf dem Camp vergingen schnell. Wir malten ein Banner in Solidarität mit der Iuventa, einem Boot, das im Mittelmeer geflüchtete Menschen rettet und beschlagnahmt worden war: »Free #IUVENTA – sea rescue is not a crime«.[3] Mich sprach auch eine Filmemacherin an, die mich gerne für einen Film über den Widerstand gegen fossiles Wirtschaften im rheinischen Braunkohlerevier interviewen wollte. Ich sagte zu, und so verabredeten wir uns für den folgenden Tag. Doch obwohl wir das Interview durchführten, bin weder ich noch sonst eine Person mit sichtbaren Be_hinderungen in dem Film zu sehen.

Schließlich kam das Abschlussplenum, bei dem jeder Finger von seinen Erlebnissen berichtete. Zu Beginn des Plenums kamen Menschen auf mich und Luzy zu und fragten, ob wir vom bunten Finger berichten wollten. Ich zitterte extrem, als wir vor mindestens 300 Menschen in dem riesigen Zirkuszelt standen und von unserer Aktion erzählten. Das Meer an wedelnden Händen zu sehen, mit denen Leute uns in der bei Ende Gelände üblichen Form applaudierten, war jedoch alle Aufregung wert. In der Masse konnte ich sogar vereinzelte Menschen mit Tränen in den Augen sehen.

Seit dieser Aktion hat sich der inklusive Finger in seinem Selbstverständnis gewandelt und wird sich auch noch weiter wandeln, denn es gibt noch viele Barrieren bei Ende Gelände, nicht nur solche, die im Bewältigen von weiten Strecken zu Fuß bestehen. Ein inklusiver Finger ist noch nicht das Ziel der Reise, aber ein Schritt im Prozess zu mehr Teilhabe.

Sich gegenseitig inspirieren: Ende Gelände goes Europe

Von Alice von der AG Internationales in Ende Gelände

Aus dem Englischen übersetzt von Josefine Haubold

Seit der ersten Aktion im Jahr 2015 haben sich immer mehr Aktivist*innen an den Aktionen von Ende Gelände beteiligt. Ende Gelände entstand damals als Zusammenschluss verschiedener linksradikaler und Umweltgruppen, die gemeinsam eine Aktion gegen Kohle in einem in Deutschland bisher ungekannten Ausmaß zustande brachten (siehe Artikel *Wo wir herkommen: die Geschichte von Ende Gelände*). An der Gründung beteiligt war unter anderem eine Gruppe, die bereits 2009 angefangen hatte, Klimacamps zu organisieren. Die Idee der Klimacamps hatten einige deutsche Klimaaktivist*innen nach Deutschland mitgebracht, nachdem sie sich an den britischen »Camps for Climate Action« beteiligt hatten, die von 2006–2010 stattfanden. Sie kombinierten die Idee der Klimacamps mit Ansätzen der Anti-Globalisierungsbewegung und dem historischen Kampf gegen Atomkraft und organisierten die ersten deutschen Klimacamps. Die Klimacamp-Gruppe hat viel zum Aufbau der Camp-Infrastruktur von Ende Gelände beigetragen; heute hat Ende Gelände eine eigene Camp-AG.

Aufgrund des Einflusses der britischen Climate Camps legte Ende Gelände von Anfang an Wert auf internationale Mobilisierung, was entscheidend war für die große Beteiligung sowie für Massenmobilisierungen ähnlichen Stils in vielen anderen europäischen Ländern. Dank der Kombination aus einer Strategie des aktiven und internationalen Bewegungsaufbaus und der geografischen Lage Deutschlands im Zentrum Europas kamen Tausende von internationalen Aktivist*innen zu den Protestcamps. Die Camps und die aus ihnen hervorgegangenen Aktionen wurden so zu einem Sammelbecken für die europäische Bewegung für Klimagerechtigkeit. Hier trafen Aktivist*innen aus vielen Teilen Europas zusammen, entwickelten Strategien und erlebten das schiere Ausmaß der Aktionen des zivilen Ungehorsams, an denen sie sich beteiligten. Neben ihren ungehorsamen Körpern brachten die internationalen Aktivist*innen ihre vielfältigen aktivistischen Kulturen und Traditionen mit, die ihrerseits wieder Ende Gelände beeinflussten.

Wie sehr eine soziale Bewegung andere beeinflusst, lässt sich oft nur schwer bestimmen; es lässt sich jedoch kaum bestreiten, dass Ende Gelände einen großen Einfluss auf die Stärkung der Klimagerechtigkeitsbewegung und den radikalen Umweltschutz in ganz Europa hat und umgekehrt. Dieser Text handelt davon, wie internationale Aktivist*innen, die Aktionen von Ende Gelände miterlebt haben, zur Gründung ähnlicher Organisationen in ihren eigenen Ländern beigetragen haben. Er befasst sich auch mit der kritischen internationalen Aufmerksamkeit, die die Aktionen von Ende Gelände auf die deutsche Energiepolitik gelenkt haben. Thema sind weiterhin einige der Probleme, die es für Ende Gelände mit sich brachte, eine so einflussreiche Organisation in Europa zu sein, sowie der radikale antikapitalistische und →intersektionale Ansatz der Massenmobilisierung von Ende Gelände.

Ich schreibe diesen Text als jemand aus Großbritannien, die an allen Ende-Gelände-Aktionen beteiligt war. Nachdem ich mich fünf Jahre lang in der radikalen Linken und der Klimabewegung in Großbritannien engagiert hatte, kam ich 2015 zur ersten Aktion von Ende Gelände nach Deutschland und war zutiefst beeindruckt von der schieren Menge an Menschen, die bereit waren, sich der Brutalität der deutschen Polizei auszusetzen, um einen Kohletagebau zu blockieren. Ich war Teil des internationalen → Fingers; und obwohl Englisch, die Sprache, in der wir uns verständigten, für die meisten Beteiligten nur ihre Zweitsprache war, überwanden wir geeint und zielstrebig Polizeiketten, Pfefferspray und Schlagstöcke. Bei dieser Aktion erwarben sich die internationalen Aktivist*innen den Ruf, der deutschen Polizei standhaft und entschlossen entgegenzutreten, was auch die Entschlossenheit der deutschen Aktivist*innen stärkte. Ich habe aus erster Hand miterlebt, welche Wirkung Ende Gelände auf unsere Bewegung in Großbritannien und auf die Entstehung vieler weiterer Bewegungen in ganz Europa und der Welt hatte. Ich engagiere mich bei »Reclaim the Power«, der Organisation, die in Großbritannien Ende Gelände entspricht, und habe es mir zur Aufgabe gemacht zu untersuchen, welche Lehren wir aus dem Modell von Ende Gelände für den Kampf für Klimagerechtigkeit und für soziale Bewegungen im Allgemeinen ziehen können.

Auch Kristina Klosová aus der Tschechischen Republik war 2015 Teil des internationalen Fingers. Weil sie genug hatte von der globalen Untätigkeit bezüglich der Klimakrise, kam sie zu der Aktion ins Rheinland, um eine der größten CO_2-Quellen Europas stillzulegen. Was sie dort erlebte, veränderte ihr Leben und zeigt, dass Aktivist*innen trotz des massiven Auftretens der deutschen Polizei in der Lage waren, dieser zerstörerischen Industrie erheblichen wirtschaftlichen und sozialen Schaden zuzufügen. Massenmobilisierungen gegen Kohle waren nicht nur möglich, sondern auch effektiv. Kristina schrieb daraufhin einen Artikel für das große tschechische Online-Magazin *Česká pozice*, in dem sie die Aktion aus der Sicht einer internationalen Aktivistin schilderte und der viel Aufmerksamkeit erhielt.[4] Kristinas Artikel und ihre Gespräche zu ihren Erfahrungen trugen maßgeblich zur Gründung der tschechischen Organisation »Klimakemp« bei, die 2017 das erste tschechische Klimacamp gegen die Kohleindustrie des Landes veranstaltete: ein radikaler Ansatz in der tschechischen Umweltbewegung, die bis zu diesem Zeitpunkt von gemäßigten →Umwelt-NGOs und Versuchen, die Klimakrise mittels Veränderungen des individuellen Lebensstils zu bekämpfen, dominiert war. Wie sich zeigte, waren jedoch auch in der Tschechischen Republik viele Menschen bereit, sich im Kampf für Klimagerechtigkeit der Obrigkeit entgegenzustellen.

Kristinas Schilderungen hatten massiven Einfluss auf den Kampf der tschechischen Aktivist*innen für den Kohleausstieg und gegen die Klimakrise allgemein. Dass eine einzelne internationale Aktivistin derartige Auswirkungen hat, ist nicht ungewöhnlich. Internationale Aktivist*innen, die an den inzwischen acht Ende-Gelände-Aktionen beteiligt waren, brachten bei ihrer Rückkehr nach Hause Erzählungen einer bisher so nicht bekannten radikalen Massenaktion gegen die Klimakrise mit. Aktivist*innen von Reclaim the Power in Großbritannien waren von der Ende-Gelände-Aktion 2015 so beeindruckt, dass sie die Massenaktion »End Coal Now« gegen ein Kohlebergwerk in Wales im Jahr 2016 in diesem Sinne prägten.[5] Nach 2010 hatte die britische Klimabewegung mit einigen Rückschlägen zu kämpfen, unter anderem nachdem bekannt geworden war, dass ein verdeckter Polizeispitzel die Climate-Camp-Mobilisierungen von 2006–2010 unterwandert hatte. Ende Gelände und die britische Organisation haben sich gegenseitig befruchtet, indem Aktivist*innen ihre Erfahrungen mit Strategien und Taktiken ihrer jeweiligen Aktionen austauschten.

Die Rolle internationaler Aktivist*innen bei Ende Gelände sollte nicht unterschätzt werden. Für die Aktion im Jahr 2020 lernte Ende Gelände von Kämpfen gegen →Fracking und Erdgas in Großbritannien, Frankreich und Portugal und organisierte neben einer Vielzahl von Fingern, die Kohleinfrastruktur blockierten, zwei Finger, die sich gegen den Bau einer Erdgaspipeline richteten. Wie in den genannten Ländern bewirbt auch die fossile Brennstoffindustrie in Deutschland angesichts des geplanten Kohleausstiegs Erdgas als »Brückentechnologie« zwischen Kohle und erneuerbaren Energien. Eine der unbeabsichtigten Folgen des Erfolgs der Climate-Camp-Bewegung in Großbritannien, die seit 2006 auf einen Kohleausstieg bis 2024 drängt, ist der *dash for gas* der britischen Regierung: massive Investitionen in Erdgaskraftwerke und -infrastruktur sowie die Förderung von Fracking. In der britischen Klimabewegung haben wir über sieben Jahre lang für das Ende von Fracking gekämpft und schließlich 2019 gewonnen. Ende Gelände hat aus diesem und anderen Anti-Erdgas-Kämpfen gelernt und erkannt, dass ein Kohleausstieg in Deutschland leider nicht zwangsläufig zu den notwendigen massiven Investitionen in erneuerbare Energien führt. Mit dem Kampf sowohl gegen die Erdgasinfrastruktur als auch gegen Kohle macht Ende Gelände deutlich: Sauberes Erdgas ist eine schmutzige Lüge.

Der Einfluss von Ende Gelände hat dazu geführt, dass Menschen in ganz Europa Klimacamps als Basis für Massenaktionen in ihren eigenen Ländern organisiert haben. Zu diesen Ländern gehören Österreich, Belgien, die Tschechische Republik, Frankreich, Irland, Italien, die Niederlande, Polen, Portugal, Schottland, Spanien, Schweden, die Schweiz und Großbritannien. Auch Klimaaktivist*innen in anderen Teilen der Welt haben Bilder und Videos von Ende-Gelände-Aktionen gesehen und überlegt, wie sie diese auf ihr Land übertragen könnten. So gab es aus den USA, Kanada und Australien Interesse am Modell von Ende Gelände. Vertreter*innen der Pacific Climate Warriors aus verschiedenen vom Anstieg des Meeresspiegels bedrohten pazifischen Ländern nahmen an einer Ende-Gelände-Aktion teil. Allerdings stellen die räumliche Distanz oder unterschiedliche Sprachen bei Kontakten zu Bewegungen auf anderen Kontinenten zuweilen ein Hindernis dar. Trotzdem gibt es auch Versuche der Zusammenarbeit mit diesen Aktivist*innen.

Innerhalb Europas sind die Ende-Gelände-Aktionen jedenfalls zu einem festen Ereignis im Kalender europäischer Klimaaktivist*innen geworden; jedes Jahr füllen sich Busse und Züge mit Menschen, die bereit sind für die Ende-Gelände-Erfahrung. Die große Zahl internationaler Aktivist*innen, die zu den Ende-Gelände-Aktionscamps kommen, hat auch der deutschen Klima- und Energiepolitik mehr internationale Aufmerksamkeit eingebracht, als es vielen im deutschen Staatsapparat vielleicht lieb ist. Viele Menschen in Großbritannien, die zum ersten Mal von den Aktionen hören, sind überrascht zu erfahren, dass Deutschland eine so große Kohleindustrie hat, da sie Deutschland als Rekordhalter beim Ausbau erneuerbarer Energien wahrgenommen hatten. Um einen Ruf als weltweit führende Kraft in Sachen sauberer Energiepolitik bemüht sich der deutsche Staat in der Tat sehr, beispielsweise bei den internationalen Klimagipfeln (COPs). Diesen Ruf haben internationale Aktivist*innen, die sich an den Protesten in Deutschland beteiligten, in der öffentlichen Diskussion in ihren jeweiligen Ländern erfolgreich in Frage gestellt.

Ende Gelände hat Klimacamps als eine besondere Taktik der radikalen Klimabewegung verbreitet, und damit verbunden auch viele andere spezifische Taktiken. Allerdings haben nicht alle Klimacamp-Bewegungen die gesamte Palette von Taktiken als Teil ihrer Strategie angenommen. Obwohl die Gründung des ersten italienischen Klimacamps in Venedig im September 2019 von Ende Gelände mitbeeinflusst war, hatten viele italienische Aktivist*innen Bedenken. Manche sprachen sich gegen einige dieser »deutschen« Taktiken aus, wie etwa das System der Bezugsgruppen und das Buddy-System, bei dem jeweils zwei Aktivist*innen in der Aktion zusammen bleiben und besonders aufeinander achten (siehe dazu *Ein Funke Hoffnung: Ende Gelände 2015*). Zu Recht wurde argumentiert, dass sich etwas, das in einem Land funktioniert, nicht immer auf ein anderes übertragen lässt. Die italienische radikale Linke hat ihre eigene Geschichte von Taktiken, die sich aus ihrem eigenen politischen Kontext speist. So wurde etwa auf dem Camp viel darüber gesprochen, dass die italienische Polizei gewalttätiger sei als die deutsche und sich oft nicht an gesetzliche Vorgaben halte. Dabei sind Bezugsgruppen und das Buddy-System schon lange vor Ende Gelände und außerhalb Deutschlands verwendet worden. So lassen sich die Bezugsgruppen bis zu den linken Revolutionär*innen im Spanischen Bürgerkrieg zurückverfolgen, die im Kampf gegen die Faschisten *grupos de afinidad* bildeten.[6] Aber Ende Gelände ist als Organisation in der europäischen Bewegung für Klimagerechtigkeit mittlerweile so einflussreich, dass einige auch von Ende Gelände verwendete Strategien und Taktiken als deutschen Ursprungs angesehen werden. In Italien wurde dieser Eindruck dadurch verstärkt, dass die große Mehrheit der beim Camp anwesenden internationalen Aktivist*innen aus Deutschland kam, nämlich etwa ein Drittel der insgesamt 1.000 Menschen im Camp.

Aktivist*innen, die Teil der internationalen Arbeitsgruppe von Ende Gelände sind, haben daher mit dieser vermeintlichen und tatsächlichen Dominanz ihrer Organisation innerhalb der europäischen Klimagerechtigkeitsbewegung zu kämpfen. Ende Gelände muss den Balanceakt vollbringen, einerseits seine Wirksamkeit zu nutzen, um Organisationen in anderen Ländern zu stärken. Gleichzeitig muss es vermeiden, über Nuancen und kulturelle Besonderheiten, die diese Bewegungen in anderen Ländern möglicherweise haben, hinwegzugehen. Deshalb hat die internationale Arbeitsgruppe »Ende Gelände goes Europe« ins Leben gerufen. Ende Gelände unterstützt in diesem Rahmen Klimagerechtigkeitsgruppen in anderen Ländern, die ähnliche Ansätze haben, bei ihrer Entfaltung, ohne dabei zu dominierend zu sein. Seit 2018 wurden auf diese Weise und auf Wunsch der jeweiligen Organisationsgruppen unter anderem Code Rood in den Niederlanden, Limity Jisme My in der Tschechischen Repubik, Reclaim the Power in Großbritannien und das Klimacamp in Italien unterstützt. Im Jahr 2020 unterstützte Ende Gelände Shell Must Fall in den Niederlanden und RadiAction in Frankreich. Diese Aktionen fanden jedoch wegen Covid-19 in erheblich veränderter Form statt.

Ende Gelände ist ein Vergleichspunkt für viele andere Organisationen der Klimagerechtigkeitsbewegung in Europa. Extinction Rebellion (XR), die von Großbritannien aus ihren Aufstieg nahmen, setzen ebenfalls auf Massenmobilisierungen, um sich dem Klimawandel entgegenzustellen. Weil ihre Theorie gesellschaftlicher Veränderung sich in erster Linie auf Massenmobilisierungen konzentriert, tritt die Organisation aber nicht offen antikapitalistisch, intersektional oder auch nur »politisch« auf und appelliert in ihrem Versuch, »jenseits der Politik« zu stehen, auch an rechte Ideologien.[7] Ende Gelände hingegen mobilisierte von Anfang an mit ausdrücklich antikapitalistischen, intersektionalen und radikalen Positionen zu einigen der größten Aktionen zivilen Ungehorsams gegen den Klimawandel in Europa und verbindet den Kampf für Klimagerechtigkeit mit Kämpfen gegen → (Neo-)Kolonialismus, Faschismus, Geschlechterungleichheit, → Homofeindlichkeit und → Ableismus. In der jüngeren Zeit beteiligten sich auch neue XR-Aktivist*innen an Ende Gelände und erlebten dabei den massenhaften radikalen Ansatz, der auf die Orte der Klimazerstörung abzielt.

Ende Gelände ist eine positive Kraft in Europa, die Teilnehmenden und Beobachter*innen eine massenhafte radikale Praxis gezeigt hat. Die regelmäßige Organisation von Massenaktionen gegen den Kohleabbau in Deutschland hat eine Vielzahl von Menschen aus ganz Europa zusammengebracht, die sich vernetzten, Strategien entwickelten und das überwältigende Ausmaß der Aktion erlebten – und ihrerseits auch die Gestaltung von Ende Gelände beeinflussten. Dies wiederum inspirierte die Gründung weiterer Klimacamps als Taktik in ganz Europa. Einige Bewegungen haben die Aktionen und Camps von Ende Gelände als Ganzes nachgeahmt, während andere der Übernahme der gesamten Strategie von Ende Gelände kritisch gegenüberstanden. Ende Gelände bleibt ein wichtiges Modell der Organisation in der Klimagerechtigkeitsbewegung. Solange wir die Grenzen von Ende Gelände kritisch anerkennen, können wir seine Kapazitäten nutzen, um die Kämpfe für Klimagerechtigkeit in Europa und darüber hinaus voranzubringen.

Wo wir herkommen: die Geschichte von Ende Gelände

Von Johanna und Marc

»Die Braunkohletagebaue stellen eine existenzielle Gefahr für die Menschheit dar. Deshalb müssen unsere Bewegungen wieder einmal aktiv werden und sie stilllegen. Es gibt diesen August keinen wichtigeren Ort, an dem wir sein könnten.«

Naomi Klein, Erklärung zur Unterstützung von Ende Gelände vor der ersten Aktion 2015[8]

Heute, mehr als sechs Jahre nach der ersten Aktion im August 2015, ist Ende Gelände eine feste Größe in der deutschen und europäischen Klimagerechtigkeitsbewegung. Entstanden als Kampagnenbündnis für zunächst eine Aktion ist Ende Gelände – unter den Gruppen, die Aktionen zivilen Ungehorsams organisieren – inzwischen *das* Anti-Kohle-Bündnis mit Dutzenden von Ortsgruppen. Wir haben zahlreiche internationale Aktionen gegen fossile Infrastrukturen inspiriert und deutschlandweit zur weiteren Verbreitung von zivilem Ungehorsam mit Bezugsgruppen und Aktionskonsens beigetragen.[9]

Ende Gelände hat allerdings viel von dem, was seine Stärke ausmacht, nicht erfunden, sondern übernommen und weitergeführt. Auch der Kampf gegen die (Braun-)Kohle fing nicht erst 2015 an. Schon seit den 1970er Jahren kämpften Anwohner*innen gegen Kohlegruben und wurden dabei von der entstehenden Umweltbewegung unterstützt. Methoden wie das »Durchfließen« von Polizeiketten hat Ende Gelände von der Anti-Atom-Bewegung übernommen. Und die radikale Linke hat seit 2010 hartnäckig für die Etablierung von ungehorsamem Protest, also Protest, der auch Gesetzesübertretungen beinhaltet und sich nicht auf Aktionsformen wie Demonstrationen oder Mahnwachen beschränkt, in den Braunkohlerevieren gearbeitet. In diesem Artikel werfen wir einen Blick auf die Geschichte, die zur Gründung von Ende Gelände geführt hat.

Von lokalen Protesten über die Anti-Braunkohle- zur Klimagerechtigkeitsbewegung (1970er bis 2008)

Es dauerte einige Jahrzehnte, bis sich – ausgehend von lokalen Protesten – eine eigenständige Anti-Braunkohle-Bewegung und später Klimabewegung bzw. Klimagerechtigkeitsbewegung in der BRD entwickelte und Medien und Öffentlichkeit diese Begriffe aufnahmen. Kohletagebau wurde seit der Industrialisierung fast widerspruchslos als Garant für Arbeitsplätze und Energiesicherheit angesehen. In der neu entstandenen Ökologiebewegung der 1970er Jahre waren die Gegner vor allem die Atomenergie und ihre Lobby in Industrie und Politik. Proteste gegen Braunkohle fanden nur vereinzelt direkt in den Braunkohlerevieren statt und richteten sich zunächst vor allem gegen die mit dem Kohleabbau verbundene Zerstörung von Dörfern und Natur. Erst mit zunehmendem Bewusstsein für den Klimawandel und seine Verursachung durch CO_2 entwickelten sich auch breitere Proteste gegen die Verbrennung von Kohle als Antreiber der globalen Klimakrise.

Eine der ersten und bedeutsamsten Initiativen im rheinischen Braunkohlerevier war die Hambach-Gruppe in der Region Aachen, die von 1978 bis 1989 aktiv war. Sie gründete sich kurz nach Eröffnung des Braunkohletagebaus Hambach, die auch von Protesten Betroffener begleitet wurde. Wegen des Tagebaus Hambach sollte ein mehr als 4.000 ha großes Waldgebiet, der Hambacher Forst, zerstört und mehr als 5.000 Menschen umgesiedelt werden. In der Hambach-Gruppe waren Studierende und junge Wissenschaftler*innen aktiv, die Broschüren und Gutachten veröffentlichten, Ausstellungen organisierten (unter anderem 1982 im Auftrag des Künstlers Joseph Beuys) und sich bei Podiumsdiskussionen gegen den Braunkohlekonzern RWE und den Braunkohle-Irrsinn wendeten. Der Kauf jeweils einer RWE-Aktie gab ihnen zudem Rederecht bei den Aktionärsversammlungen – als Reaktion darauf führte RWE 1982 eine Redezeitbegrenzung ein.

1985 veröffentlichte die Hambach-Gruppe das Buch *Verheizte Heimat*, mit dem die sozialen und ökologischen Folgen der Braunkohleindustrie zum ersten Mal einer breiteren Öffentlichkeit bekannt gemacht und zum Problem erklärt wurden: Vertreibung, Zerstörung der Natur, Grundwasserabsenkung, Luftverschmutzung und Weiteres.[10] In der Folge bildeten sich weitere Bürger*inneninitiativen; auch der Landesverband Nordrhein-Westfalen des Bundes für Umwelt- und Naturschutz (BUND) begann, zum Thema Braunkohle zu arbeiten.

Die vom geplanten Braunkohletagebau Garzweiler II bedrohten Dörfer schlossen sich 1984 zu den »Vereinten Initiativen« gegen den Braunkohletagebau zusammen. Öffentlichkeitswirksame Höhepunkte der jahrelangen Auseinandersetzungen waren eine Fackelkette mit mehr als 4.000 Menschen und eine Großveranstaltung in Erkelenz mit mehr als 2.000 Zuhörer*innen. Der Erfolg dieser Initiative war, dass der Tagebau Garzweiler II von 68 auf 48 km^2 verkleinert wurde. Die Gründe lagen damals weniger in der Klima- oder sozialen Problematik als in der Grundwasserversorgung.[11]

Von 1989 bis 1995 war die »Rheinische Bürgeraktion stoppt Braunkohletagebaue« aktiv, ein Bündnis von Bürgerinitiativen, Organisationen und Kirchen. 1989/1990 begann der Austausch von Initiativen der Bürgeraktion mit Braunkohlebetroffenen im Leipziger Braunkohlerevier und in der Lausitz, und es fand ein erstes bundesweites Braunkohle-Widerstandstreffen statt, bei dem Erfahrungen und Strategien ausgetauscht wurden.

In der DDR bildeten sich im Umfeld der Kirchen in den 1980er Jahren unabhängige Umweltgruppen. Diese informierten über die Umweltschäden durch die Braunkohleindustrie und waren staatlicher Repression ausgesetzt. Da die Gebiete der sorbischen Minderheit in der Lausitz durch Braunkohletagebaue stark zerstört wurden, kam es hier immer wieder zu Protesten. Erfolg hatten die Einwohner*innen der Siedlung Klitten. Ende der 1980er Jahre sammelten sie Unterschriften und führten kleinere Aktionen gegen die Abbaggerung ihrer Häuser durch und wurden dabei auch von Kirchengemeinden unterstützt. Im Zusammenhang mit der Auflösung der DDR und der darauf folgenden Umstrukturierung von Tagebauen wurde der Tagebau Bärwald eingestellt und Klitten blieb erhalten.[12]

1992 besetzten Aktivist*innen leerstehende Gebäude im Dorf Lakoma bei Cottbus, das für eine Tagebauerweiterung abgebaggert werden sollte. Die meisten Bewohner*innen des ursprünglich sorbischen Dorfes waren schon vor der Wiedervereinigung trotz ihrer Proteste umgesiedelt worden. Im Anschluss an die Besetzung erlaubte die Stadt eine Zwischennutzung und ein entsprechender Vertrag wurde geschlossen. Daraufhin entwickelte sich ein breites Spektrum von Aktivitäten in Lakoma: Kulturveranstaltungen, Kunstwerkstätten, Umweltbildungsarbeit und alternative Wohn- und Lebensformen. Mit dem Konzept »Ökodorf Lakoma« wurde versucht, das Dorf zu retten. Nach Ablauf der Nutzungsverträge begann der Konzern Vattenfall ab 2003 jedoch mit dem Abriss der Gebäude. Aktivist*innen der Umweltorganisation Robin Wood besetzten 2007 ein angrenzendes Teichgebiet, in dem verschiedene bedrohte Tier- und Pflanzenarten lebten, um die Zerstörung vor der Entscheidung in einem Klageverfahren zu verhindern. Trotz allem verschwand Lakoma 2008 vollständig im Tagebau.[13]

Im Rheinland konnten die intensiven Proteste nicht langfristig aufrechterhalten werden. RWE (damals noch Rheinbraun) setzte den Betroffenen hart und oft mit unlauteren Mitteln zu.

Anwohner*innen sprachen damals von »Psychoterror, menschlich verwerfliche[n] und gemeine[n] Praktiken, rüde[n] Tätigkeiten«[14]. Und dass ein Dorf nach dem anderen fiel, zermürbte viele der Aktiven. Der Protest hörte aber nie ganz auf; vor allem Bewohner*innen aus den Grubenranddörfern wehrten sich weiter.

Die Aktionsgemeinschaft der Bürgerinitiativen gegen die Verlegung der Autobahn A4 engagierte sich von 1992 bis 2013 mit verschiedenen Protestformen, darunter auch regelmäßigen Waldspaziergängen, gegen den Ausbau des Tagebaus Hambach, die Verlegung der Autobahn A4 an den Rand des Dorfs Buir, sowie das weitere Abbaggern des Hambacher Forstes. Die Initiative »Buirer für Buir« verfolgte seit 2006 ähnliche Ziele, ist aber auch nach der erfolgten Autobahnverlegung 2014 weiterhin aktiv.

Die Planung von über 30 neuen Kohlekraftwerken bzw. Erweiterungen bestehender Kraftwerke in ganz Deutschland ab 2006 führte dann zu verstärkten Protesten. Begleitet von öffentlichem Druck versuchten Umweltverbände wie der BUND und die Deutsche Umwelthilfe, diese Neubauten juristisch zu stoppen. Hauptargumente waren nun Klimaschutz und die durch die Neubauten gefährdete Energiewende.

Schließlich nahmen ab 2007 auch Entwicklungsorganisationen wie Brot für die Welt und Oxfam den Kohleausstieg auf ihre Agenda und beteiligten sich am breiten Bündnis der Klima-Allianz. Diese startete 2008 eine Anti-Kohle-Kampagne und unterstützte zahlreiche Proteste bundesweit. In dieser Zeit begann sich die Klimabewegung in einer Mischung aus lokalem Protest und globalem Klimaschutz weiterzuentwickeln. In vielen Regionen Deutschlands gründeten sich Initiativen. Lokale Demonstrationen mit zum Teil mehreren Tausend Menschen fanden statt, so beispielsweise 2007, als 3.000 Menschen im Rheinland gegen das neue Braunkohlekraftwerk in Neurath protestierten. Bürgeranträge und Klagen wurden eingereicht.

Im Jahr 2008 kam es schließlich auch zu ersten Aktionen zivilen Ungehorsams der neuen Anti-Braunkohle-Bewegung: Am 1. Januar besetzten 40 BUND-Aktivist*innen mit Zelten eine Obstbaumwiese am Übergang zwischen den Tagebauen Garzweiler I und Garzweiler II, die RWE zur Abbaggerung zugesprochen wurde und vorher im Besitz des BUND gewesen war. Nach zehn Tagen räumte die Polizei die Wiese und RWE zerstörte sie umgehend.

In Mannheim überwanden 50 Personen im Mai 2008 den Zaun um das Gelände des Kohlekraftwerks und protestierten mit einer Besetzung gegen den Bau von Block 2. In die Vorbereitung und Durchführung dieser Aktion flossen Erfahrungen von Gruppen aus der Anti-Atom-Bewegung ein, die sich später auch an der Gründung von Ende Gelände beteiligten.

Die bis dahin größten Anti-Kohle-Demonstrationen fanden im September 2008 auf Initiative der Klima-Allianz statt. Im brandenburgischen Jänschwalde und in der Nähe des hessischen Kohlekraftwerkprojekts Staudinger gingen 6.000 Menschen gegen den Neubau von Kohlekraftwerken auf die Straße. Durch die Kombination verschiedener Proteste sowie juristische Klagen konnten schließlich siebzehn neue Kohlekraftwerke bzw. Kraftwerkserweiterungen verhindert werden.[15]

Breite Bündnisse und ziviler Ungehorsam (2007 bis 2011)

Etwa zur gleichen Zeit legten Massenaktionen zivilen Ungehorsams, die als Teil von Gipfelprotesten der globalisierungskritischen Bewegung stattfanden, den Grundstein für das Entstehen einer Klimagerechtigkeitsbewegung in Deutschland.

Das Bündnis BlockG8 und die Blockade des G8-Gipfels in Heiligendamm bei Rostock im Jahr 2007 waren Inspiration für zahlreiche Bündnisse, die in den folgenden Jahren massenhaften zivilen Ungehorsam organisierten. Auch Ende Gelände wurde davon beeinflusst. BlockG8 bereitete in einem zweijährigen Prozess Blockaden der Zugänge zum Treffen der G8-Regierungschefs vor. Neu an diesem Bündnis waren die Bandbreite der Beteiligten und die vertrauensvolle Zusammenarbeit, die sich dabei entwickelte. Das Ergebnis war die größte Aktion zivilen Ungehorsams, die es bis heute in Deutschland gegeben hat: 10.000 Menschen machten sich von zwei Camps aus auf den Weg, bewegten sich durch Polizeiketten und setzten sich für 48 Stunden auf Zufahrtsstraßen zum Gipfelort. Legendär wurde der Satz eines Polizisten durch sein Funkgerät: »Chef, es sind zu viele!« Auch die Medien berichteten über den erfolgreichen »Trick« des Durchfließens von Polizeiketten auf den offenen Feldern rund um Heiligendamm.

BlockG8 war deswegen erfolgreich, weil verschiedene Gruppen ihre jeweiligen Erfahrungen in das Bündnis und die Aktion einbrachten. Aktivist*innen der Kampagne X-tausendmal quer hatten jahrelang in der Anti-Atom-Bewegung Sitzblockaden gegen Castortransporte organisiert (1997 mit 7.000 Teilnehmenden), dabei hatten sie die so genannte → 5-Finger-Taktik des »Durchfließens« von Polizeiketten entwickelt: Aktivist*innen gehen in großen Gruppen los, vor einer Polizeikette fächern sich die großen Gruppen aber auf und die Aktivist*innen gehen in kleinen Gruppen oder einzeln durch die Lücken der in die Breite gezogenen Polizeikette. Auch das System aus Bezugsgruppen und Sprecher*innenräten sowie die Entscheidungsfindung mittels Konsensverfahren nahm BlockG8 aus der frühen Anti-Atom- und Friedensbewegung mit und entwickelte es weiter. Dabei entstand auch das Trainer*innennetzwerk Skills for Action, das seit der Vorbereitung zu den Blockaden von Heiligendamm und bis heute diese Techniken weitergibt und damit die aktuelle Aktionskultur in Deutschland grundlegend prägt.

Bemerkenswert bei den Protesten in Heiligendamm war auch, dass eine große Bandbreite an politischen Kulturen und Ansätzen am Bündnis beteiligt war, von → post-autonomen Gruppen bis zu Jugendorganisationen politischer Parteien. Das führte zu einer breiten Mobilisierung und bewirkte, dass die Kritik an der herrschenden Politik sehr deutlich wurde. Um auch Menschen ohne viel Protesterfahrung eine Beteiligung zu ermöglichen, wurde ein verbindlicher Aktionskonsens erarbeitet, in dem die Grundzüge der Aktion beschrieben wurden. Alle Beteiligten verpflichteten sich, den Aktionskonsens einzuhalten, und wussten dadurch, worauf sie sich einstellen konnten.

Neben den positiven Erfahrungen dieses breiten Bündnisses und der Blockaden führte aber auch die Medien-Aufmerksamkeit, die das Thema Klimawandel bei diesem G8-Gipfel überraschenderweise bekam, zu Neuorientierungen. Angela Merkel wurde von den Medien als »Klimakanzlerin« und Deutschland als Klimavorbild gefeiert. Es gelang der Umweltbewegung und linken Bewegung nicht, dem die tatsächliche Rolle Deutschlands als eine Verursacherin der Klimakrise entgegenzusetzen.

Vor diesem Hintergrund tauschten sich Aktivist*innen aus unterschiedlichen linksradikalen Gruppen, Aktive aus Jugendorganisationen politischer Parteien und Umweltorganisationen darüber aus, wie eine breite Klimabewegung aufgebaut werden könnte. Nach dem Vorbild der Klimacamps in Großbritannien, die es dort bereits seit 2006 gab, fand im Sommer 2008 ein Klimacamp in Kombination mit dem antirassistischen Camp in Hamburg statt. Als Abschlussaktion des Camps besetzten Hunderte Aktivist*innen kurzzeitig die Baustelle des Kohlekraftwerks Moorburg. Die verschiedenen daran beteiligten Klimagruppen blieben auch danach als Klimabewegungsnetzwerk (K!BN) in Kontakt.

Angestoßen durch dieses erste Klimacamp in Deutschland sowie die zunehmende gesellschaftliche Debatte über die Klimakrise gründeten sich in verschiedenen deutschen Städten weitere eigenständige Klimagruppen sowie Klimaarbeitsgruppen in bestehenden Organisationen. Beflügelt von dem Erfolg der Proteste in Heiligendamm und in der Hoffnung, dass nun die Klimabewegung richtig Fahrt aufnehmen könnte, wurde groß zum UN-Klimagipfel COP15 in Kopenhagen 2009 mobilisiert. Dabei wurden Ansätze aus der →*Global Justice*-Bewegung aufgenommen: die Forderung nach Klimagerechtigkeit statt Klimaschutz und die Strategie, die öffentliche Aufmerksamkeit bei internationalen Gipfeltreffen zu nutzen. Um Aktionen zivilen Ungehorsams rund um den Gipfel zu organisieren, gründete sich das Climate Justice Action (CJA) Netzwerk aus verschiedenen europäischen →Graswurzel-Klimagruppen. Doch der Klimagipfel in Kopenhagen wurde zu einer bitteren Enttäuschung: Das Aktionsziel, sich Zugang zum Gipfel zu verschaffen und dort einen »Gipfel von unten« abzuhalten, wurde auf Grund geringer Beteiligung und eines massiven Polizeieinsatzes mit Hunderten Festnahmen nicht erreicht. Hinzu kam angesichts der Ergebnislosigkeit des Gipfels die Erkenntnis, dass von solchen Gipfeln, der Mitarbeit in angegliederten Foren für Nichtregierungsorganisationen und Appellen an die Herrschenden keine Lösung der Klimakrise zu erwarten war. Einige Aktivist*innen wendeten sich in Folge frustriert anderen Themen zu. Teile der Bewegung machten sich aber auch auf die Suche nach anderen Ansatzpunkten.

Beispielsweise setzten sie sich (wieder) gegen klimaschädliche Projekte vor Ort ein. Als weiterer Ansatz wurde die Verbindung von ökologischen mit sozialen Fragen verfolgt. In der Zeit entstand auch eine Kampagne zivilen Ungehorsams im Umweltbereich, die prägend für Ende Gelände werden sollte: »Castor? Schottern!« Gekleidet in weiße Staubschutz-Anzüge und mit kreativer Polsterung gegen Polizeigewalt unterhöhlten Hunderte Aktivist*innen 2010 und 2011 im Wendland in einer öffentlich angekündigten Aktion die Schienen des Castor-Atommüll-Zugs, indem sie die Schottersteine mit Händen und Füßen aus dem Gleisbett entfernten.

Wir gehen dahin, wo es weh tut (2010 bis 2014)

Nach dem Klimagipfel in Kopenhagen verfolgten einige Aktivist*innen die Strategie, nicht mehr in erster Linie bei internationalen Gipfeln zu protestieren, sondern an den Orten der (Umwelt-)Zerstörung und Verursachung der Klimakrise. So entstanden erste Aktionen in den Braunkohlerevieren, die erheblich zu Deutschlands CO_2-Emissionen beitrugen. Und so entstand ein weiterer wichtiger Vorläufer für die Ende-Gelände-Aktionen: Der stärker von Graswurzel-Gruppen getragene Widerstand in den Braunkohlerevieren.

Im Falle des rheinischen Reviers stand im Juni 2010 erstmals wieder ein kleiner Gipfelprotest zu den UN-Klima-Zwischenverhandlungen in Bonn an, zu dem viele internationale Gäste kamen. Unter dem Namen »Klimawelle« gab es eine Demonstration von 2.000 Menschen, ein Klimacamp sowie eine bunte, party-artige Blockade einer Tankstelle. Hier wurden erstmals neben dem Namen Klimacamp auch die sogenannten »vier Säulen« der Klimacamps aus Großbritannien übernommen, die ab 2011 dann auch die Aktionen im Rheinland auszeichneten: Durch Vernetzung, eine alternative Lebens- und Organisationsweise, selbstorganisierte Bildung und vielfältige Proteste sollte der Kampf gegen die Klimakrise praktisch und langfristig werden.

Es fand viel Vernetzung statt und es wurde ein internationaler Aktionstag für den Herbst 2010 verabredet. Im Sommer 2010 entstand das erste Klimacamp im rheinischen Braunkohlerevier, damals organisiert von der BUND-Jugend. Im Herbst fand dann dort die erste Blockade statt: Da die Blockade von Schienen durch die Anti-Atom-Bewegung ein bekanntes Mittel in der deutschen Protestkultur war, überlegten sich einige Aktivist*innen, diese Aktionsform für den Widerstand gegen Braunkohle zu übernehmen. So blockierten dann im Herbst 30 Personen für zwei Stunden die Schienen zum Braunkohlekraftwerk Niederaußem. Mit dabei waren auch Aktivist*innen aus den Niederlanden. Kurze Zeit später fanden auch in den Kohle-Revieren der Lausitz und bei Leipzig erste Proteste und Klimacamps statt. Im Frühjahr 2012 begann eine Besetzung im Hambacher Forst, der dem Tagebau Hambach weichen sollte. Von hier aus starteten auch immer wieder Kleingruppenaktionen gegen die Infrastruktur der Tagebaue; dazu gehörten Schienenblockaden, bei denen sich Aktivist*innen anketteten. Diese ständige Anwesenheit von radikalem Protest reaktivierte und stärkte auch den Widerstand von Menschen, die im rheinischen Revier lebten.

Nach den drei kleinen, aber erfolgreichen Zusammenkünften im Rheinland, wurden für das darauf folgende Jahr 2013 die Kräfte sehr erfolgreich gebündelt und ein gemeinsames Klimacamp mit Schienenblockade durchgeführt. Im darauf folgenden Dezember wurde daraufhin eine gemeinsame Plattform mit dem Namen ausgeCO_2hlt gegründet, die in den kommenden Jahren die Camps im Rheinland organisieren sollte. Aus der Plattform entwickelten sich im Laufe der Jahre die Gruppe desselben Namens und ein eigenständiger Klimacamp-Prozess für das Rheinland. Auch wenn die Camps sehr schön waren, blieb die Zahl der Teilnehmenden bei 150 bis 200 und damit hinter den Erwartungen zurück.

Um mehr Menschen für den Kampf gegen Braunkohle und für Klimagerechtigkeit zu begeistern sowie eine größere thematische Vielfalt deutlich zu machen, erfolgte 2013 eine Zusammenarbeit mit dem europäischen Kleinbäuer*innen-Netzwerk »Reclaim the Fields«. Das Camp hatte in diesem Jahr bis zu 800 Teilnehmende. An einer Schienenblockade beteiligten sich um die 300 Menschen, was schon an die Anti-Atom-Proteste im Wendland erinnerte. Auch wenn im folgenden Jahr durch zunehmende Repression wieder weniger Menschen kamen, wuchs der Widerstand gegen die Braunkohle im Rheinland insgesamt.

Im August 2014 fand das inzwischen schon traditionell gewordene Klimacamp im rheinischen Revier statt. In seinem Rahmen gab es die erste Blockade an und in einer Braunkohlegrube. An der Abbaggerungskante wurde der haushohe Bagger mit einer Kette blockiert und einige Bezugsgruppen gingen über einen stillgelegten Weg in die Grube und erklommen den Fuß des Baggers. Die Bilder von der Aktion verdeutlichten das Ausmaß der Zerstörung durch die Tagebaue, aber auch die Entschlossenheit der Aktivist*innen in ihren weißen Anzügen.

2014 wurden außerdem wichtige Weichen für die Erfolge im Jahr 2015 gestellt: In Paris sollte 2015 der nächste große Klimagipfel stattfinden. Nach den entmutigenden Erfahrungen mit dem Gipfel in Kopenhagen hatten verschiedene Gruppen und Organisationen die Idee, dieses Mal die großen Proteste nicht am Ort der Verhandlungen, sondern an den Orten der Zerstörung zu organisieren. Als symbolischer Ort eignete sich dafür das rheinische Braunkohlerevier. Als größter CO_2-Verursacher Europas verwies der Ort auch auf die globale Dimension von Klimagerechtigkeit. Die Aktivist*innen von ausgeCO_2hlt besuchten den BUKO, einen damals wichtigen linken Kongress, und schrieben Artikel in linken Publikationen, um für die Idee einer breit getragenen Aktion im Jahr 2015 zu werben. In dem Jahr fand außerdem die → Degrowth-Konferenz in Leipzig mit 3.000 Teilnehmenden aus ganz unterschiedlichen Zusammenhängen statt. Klimaaktivist*innen hatten schon im Vorfeld Kontakte zu den Organisator*innen geknüpft und überzeugten diese, ihr nächstes Projekt, eine Degrowth Summer School, auf das Klimacamp 2015 im Rheinland zu legen.

Wir werden richtig viele (2014 und 2015)

In der deutschen Öffentlichkeit wuchs das Problembewusstsein für die Klimakrise und die Kohleverstromung langsam, aber stetig durch die Arbeit von Nichtregierungsorganisationen (→ NGOs) und Graswurzelgruppen. Ende Gelände wurde schließlich deshalb möglich, weil unterschiedliche Vorerfahrungen und Strategien zusammengebracht wurden: der massenhafte zivile Ungehorsam von Block G8! und Castor? Schottern! und der Bewegungsaufbau in den Braunkohlerevieren. Im Herbst 2014 lud die Gruppe ausgeCO_2hlt zu einem großen Aktionsratschlag in Köln ein. Hier wurden die ersten Ideen für 2015 vorbereitet. Neben den aktivistischen Klimagruppen aus dem Klimabewegungsnetzwerk[16] kamen auch Vertreter*innen der Interventionistischen Linken (IL), Menschen aus der Anti-Atom-Bewegung und Vertreter*innen von NGOs, die sich mit sozialen Bewegungen identifizierten. Auch internationale Klimaaktivist*innen waren angereist, angezogen durch die gute Vernetzungsarbeit in den vorangegangenen Jahren und wegen der Relevanz des rheinischen Braunkohlereviers als größtem CO_2-Verursacher Europas.

Beim Treffen in Köln einigten sich die Anwesenden darauf, eine gemeinsame Massenaktion im Rheinland für den Sommer 2015 zu organisieren. Die internationalen Vertreter*innen einigten sich darüber hinaus darauf, das Climate-Justice-Action-Netzwerk (CJA) wiederzubeleben, um gemeinsam über Aktionen zum UN-Klimagipfel in Paris im November 2015 nachzudenken.

Bei der Vorbereitung der Aktion im Rheinland, die den Arbeitstitel »Massen gegen Kohle« bekam, folgte dann ein Ringen um die konkrete Ausgestaltung (siehe dazu den Artikel *Nicht legal, aber legitim*). Auch wenn die Debatten kontrovers geführt wurden, waren sie durch großen gegenseitigen Respekt geprägt und den Wunsch, alle mitzunehmen. Die Breite des Bündnisses wurde als Stärke gesehen, auch weil Kampagnen wie Block G8 und Castor? Schottern! gezeigt hatten, dass die damit verbundenen Bündnisprozesse zwar anstrengend waren, aber auch zu einem Erfolg geführt hatten, den die einzelnen Gruppen so alleine nicht erreicht hätten. Ein wichtiger Faktor dafür, dass sich alle gehört und mitgenommen fühlten, war eine Einigung darüber, Entscheidungen gemeinsam im Konsens zu treffen.

Kontrovers war, ob und in welcher Form es einen Aktionskonsens geben sollte. Ebenfalls strittig waren seine Inhalte: Sollten Vermummung, Materialien zum Selbstschutz und Identitätsverweigerung Teil der Aktion sein oder nicht? Am Ende entschieden sich die Beteiligten für einen Aktionskonsens, der die Aktion durch ein klares »Wir sagen, was wir tun, wir tun, was wir sagen« auch für Menschen außerhalb des linken, aktionserfahrenen Spektrums anschlussfähig machen sollte. Vermummung und Identitätsverweigerung wurden nicht mit aufgenommen, aber innerhalb des Bündnisses akzeptiert. Es wurde angekündigt, dass »Strohsäcke, Schaumstoff und Luftmatratzen mitgeführt würden, damit wir unsere Blockade bequem gestalten können«.[19]

Heiß diskutiert wurde auch die Zielsetzung der Aktion, nämlich ob es auf die Schiene oder in die Grube gehen sollte. Für die Schiene sprach, dass hier ein größerer wirtschaftlicher Schaden durch Ausfall der Kohleversorgung der Kraftwerke verursacht werden konnte, während die Bilder aus der Grube voraussichtlich eine größere Strahlkraft in den Medien haben würden. Mit der Entscheidung für die Grube als Ziel der ersten Ende-Gelände-Aktion war die Hoffnung verbunden, einen größeren Einfluss auf die öffentliche Debatte um Braunkohle und eine Diskursverschiebung zu erreichen sowie den Teilnehmenden ein Gefühl der Selbstermächtigung zu ermöglichen. Die Aktion sollte vom Klimacamp im Rheinland starten, auf dem auch die Degrowth Summer School stattfinden würde. In gemeinsamen Vorbereitungstreffen wurde allen drei Bestandteilen (Klimacamp, Summer School, Massenaktion) angemessener Raum gegeben.

Viele NGOs waren nicht offizieller Teil des Bündnisses, unterstützten den Prozess aber auf vielfältige Weise und veröffentlichten im Juli 2015 eine Solidaritäts-Erklärung. Mit dabei waren unter anderem Campact, BUND, 350.org, Attac und Urgewald. Auch die lokale Bürger*inneninitiative »Buirer für Buir« unterzeichnete. Durch NGOs vermittelt bekundeten auch verschiedene Prominente ihre Solidarität mit Ende Gelände, darunter die bekannte kanadische Publizistin Naomi Klein.[17]

NGOs und Bürger*inneninitiative lenkten schon ein paar Monate vor der Ende-Gelände-Aktion die öffentliche Aufmerksamkeit auf die Zerstörung im rheinischen Revier, indem sie im April 2015 eine Menschenkette mit 6.000 Teilnehmer*innen durch das geplante Abbaugebiet des Tagebaus Garzweiler II organisierten.

Im August 2015 fand dann das Klimacamp im Rheinland auf einer Wiese in Lützerath am Tagebau Garzweiler statt. Die Degrowth Summer School wurde an den ersten Tagen des Camps abgehalten; danach schlossen sich die Vorbereitungen für die erste Ende-Gelände-Aktion an. Etwa 1.000 Menschen aus ganz Europa befanden sich durchgehend auf dem Camp, und zur Aktion wuchs die Zahl auf ca. 1.500 Menschen an. Viele, die eigentlich nur zum Camp oder zur Summer School gekommen waren, ließen sich von der Aktionsvorbereitung mitreißen und kamen mit zur Aktion.

Am ersten August 2015 frühmorgens brachen dann vier Finger mit insgesamt ca. 1.300 Aktivist*innen in Richtung Tagebau Garzweiler II auf. Eine große Herausforderung war die Überwindung der Autobahn zwischen Camp und Grube. Der grüne Finger, in dem viele entschlossene und aktionserfahrene internationale Aktivist*innen mitliefen, bahnte sich trotz mehrerer Polizeiketten seinen Weg durch eine Unterführung, wie sehr schön in einem Video zur Aktion zu sehen ist (siehe auch das Kapitel *Die Ende-Gelände-Erfahrung*). Für die anderen Finger sperrten Kletteraktivist*innen die Autobahn. Am Ende fanden alle Finger ihren Weg in die Grube; einige Aktivist*innen schafften es trotz brutaler Polizei und des Werkschutzes von RWE bis zu den Baggern. Alle Aktivist*innen hielten sich an den Aktionskonsens. Die Polizei räumte die Blockaden bis zum Abend – mit Unterstützung von RWE.

Die Berichterstattung über die Aktion in den Medien war überwältigend. Dazu trug bei, dass Journalist*innen die Aktion vor Ort begleitet hatten. Dass auch sie von der Polizei gefesselt und stundenlang in der glühenden Sonne sitzen gelassen wurden und später von RWE eine Anzeige wegen Hausfriedensbruch bekamen, löste im Nachgang der Aktion einen Skandal zur Kooperation zwischen Polizei und RWE aus.

Ca. 800 der 1.300 Aktivist*innen verweigerten am Ende die Angabe ihrer Personalien, was die Polizei und später auch RWE vor große Herausforderungen stellte. Die Verweigerung der Personalienangabe, die in den Jahren davor internationale Aktivist*innen in die Aktionen der Klimacamps und die Besetzung des Hambacher Forsts eingeführt hatten, wurde nachfolgend ein guter, wenn auch nicht zwingender Bestandteil bei Aktionen des zivilen Ungehorsams der Klimagerechtigkeitsbewegung. Die Aktivist*innen, deren Identität die Polizei ermitteln konnte und die RWE anzeigte, wurden später freigesprochen.

Doch noch bevor all das bekannt war, wurde ausgiebig gefeiert und es stand schnell fest, dass diese erste Aktion von Ende Gelände ein voller Erfolg war. Nach Jahren des zähen Bewegungsaufbaus und einigen Rückschlägen hatte die Klimagerechtigkeitsbewegung nach diesem Sommer mit Camp, Summer School und Ende Gelände einen wichtigen Schritt hin zu einer breiten Bewegung gemacht.

WIE WIR DIE WELT VERÄNDERN WOLLEN

Nicht legal, aber legitim: unser ziviler Ungehorsam

Von Julia, Leo und Marc

»Am Wochenende vom 14. bis 16. August 2015 werden wir gemeinsam mit vielen anderen Menschen in einer Aktion zivilen Ungehorsams den dreckigsten und größten CO_2-Verursacher Europas – die Tagebaue im rheinischen Braunkohlerevier – lahmlegen.«[18]

Das war im Frühjahr 2015 eine durchaus gewagte Behauptung eines bislang unbekannten Bündnisses, denn eine derartige Blockadeaktion in einer Kohlegrube mit so vielen Menschen hatte es bis dahin noch nicht gegeben. Doch die Aktion gelang. Trotz massivem Polizeieinsatz gelangten rund 1.000 Menschen in die Grube – Förderbänder und Bagger standen still. Im Westdeutschen Rundfunk (WDR) war in den folgenden Tagen zu hören, was als Mobilisierungsparole zu dieser ersten Ende-Gelände-Aktion bereits behauptet worden war: »Das Rheinland ist das neue Wendland!« Da »das Wendland« für eine Tradition von vielfältigem Protest inklusive zivilem Ungehorsam gegen Atomkraft in Deutschland steht, wurde Ende Gelände damit in die lange Geschichte des zivilen Ungehorsams als Aktionsform sozialer Bewegungen eingeordnet. Die Parole verweist zugleich auch auf die Anti-Atom-Bewegung als Vorläuferin unserer Aktionen.

In zahlreichen Aktionen zivilen Ungehorsams haben wir mit Ende Gelände seitdem an verschiedenen Orten Bagger zum Stillstand gebracht und Kohleinfrastruktur blockiert. In weißen Anzügen sind Aktivist*innen zu Tausenden in Kohlegruben gegangen, haben auf Kohletransportschienen geschlafen, vor riesigen Kohlebaggern getanzt und große Transparente von Baggern herabhängen lassen. Sie haben damit Bilder erzeugt, die um die Welt gingen. Sie haben sich der fossilen Industrie in den Weg gestellt und auf die Klimakatastrophe aufmerksam gemacht, die droht, wenn wir mit unserer Wirtschaftsweise weiterhin Treibhausgase ausstoßen.

Ziviler Ungehorsam vor Ende Gelände

Die Aktionen im Wendland und die bundesweiten Blockaden der Castor-Atommülltransporte sind für viele jüngere Aktivist*innen heute keine eigenen Erinnerungen mehr. Stattdessen wird zunehmend Ende Gelände zum Muster einer Aktion massenhaften zivilen Ungehorsams. Ohne Kampagnen wie X-tausendmal quer, BlockG8, Castor? Schottern! sowie eine lange politische Debatte und Praxis rund um zivilen Ungehorsam hätte es Ende Gelände jedoch niemals in dieser Form gegeben. Daher wollen wir hier an unsere Vorläufer*innen erinnern.

Zwei historische Beispiele, die das Bild von zivilem Ungehorsam prägen, sind die Aktionen der indischen Unabhängigkeitsbewegung und der → Schwarzen Bürgerrechtsbewegung in den USA. Nach dem Salzmarsch 1930 beginnen Zehntausende Inder*innen, selbst Salz aus Meerwasser zu gewinnen und steuerfrei weiterzugeben und verstoßen damit gegen das Salzmonopol der britischen Kolonialmacht. Die US-Amerikanerin Rosa Parks weigert sich 1955, ihren Sitzplatz in einem Bus für → *weiße* Passagiere zu räumen. Ihre Verhaftung löst den einjährigen Montgomery-Bus-Boykott aus, der mit vielen anderen Protesten zum Ende der formellen rassistischen Diskriminierung in den USA führte.

In Deutschland findet 1968 eine erste Aktion massenhaften zivilen Ungehorsams statt, die sich auf das Vorbild einer britischen Kampagne bezieht: Tausend Studierende setzen sich vor die Vertretung des griechischen Militärs in Berlin, um gegen die Diktatur in Griechenland zu protestieren. Vorbereitet wird die Aktion mit öffentlichen Absichtserklärungen. Auch bei Ende Gelände kündigen wir unsere Aktionen vorher öffentlich an.

In der Anti-Atom-Bewegung werden ab den 1970er Jahren Bauplätze besetzt und Hüttendörfer errichtet. Die Besetzung am Standort eines geplanten Atomkraftwerks in Wyhl/Baden-Württemberg inspiriert wiederum die US-amerikanische Anti-Atom-Bewegung. Die dortige Clamshell-Alliance übernimmt die Aktionsidee der massenhaften Besetzung für die Proteste gegen den Bau des Atomkraftwerks Seabrook, führt Aktionstrainings durch und entwickelt das Entscheidungssystem von Bezugsgruppen, Sprecher*innenräten und Konsens für eine Aktion mit Hunderten Teilnehmenden. Die Platzbesetzung und polizeiliche Räumung in Gorleben 1980 erregen viel Aufmerksamkeit und im Wendland entwickelt sich über die Jahre eine vielfältige ungehorsame Tradition. Die Sitzblockaden gegen die Stationierung von Atomwaffen auf der Schwäbischen Alb übernehmen in den 1980er Jahren wiederum Bezugsgruppensystem, Konsensentscheidungen, Aktionskonsens und Aktionstrainings aus den USA und verankern diese damit in der deutschen Protestkultur. Bis heute sind alle diese Elemente weit verbreitet in sozialen Bewegungen und zentrale Bestandteile der Ende-Gelände-Aktionen.

An der Sitzblockade der Kampagne X-tausendmal quer nehmen 1997 im Wendland 7.000 Menschen teil. Aktive von X-tausendmal quer entwickeln in den folgenden Jahren die so genannte 5-Finger-Taktik, mit der Aktivist*innen sich durch Polizeiketten bewegen, ohne sich auf Auseinandersetzungen einzulassen. X-tausendmal quer perfektioniert auch die Aktionslogistik und Versorgung der Blockadeteilnehmenden mit Essen, Toilettenhäuschen und Strohsäcken; später bringen X-tausendmal-quer-Aktivist*innen diese Erfahrungen bei Ende

Gelände ein. Die weißen Anzüge, die später Kennzeichen von Ende Gelände sind, tragen zum ersten Mal in Deutschland Hunderte von Teilnehmenden bei Aktionen zivilen Ungehorsams während der Kampagne Castor? Schottern! 2010 und 2011 im Wendland.

Im Rahmen der Kampagne Gendreck weg! wird in den Jahren 2005 bis 2009 öffentlich angekündigte Sachbeschädigung massenhaft praktiziert: Nachdem die Aktivist*innen, die sich als Feldbefreier*innen bezeichnen, sich durch Polizeiketten bewegt haben, dringen sie auf Felder mit gentechnisch verändertem Mais vor und reißen die Pflanzen aus, bis sie verhaftet werden.

Der Protest gegen den G8-Gipfel in Heiligendamm führt 2007 zur bis heute größten Aktion zivilen Ungehorsams in Deutschland (siehe dazu ausführlicher im Artikel *Wo wir herkommen: die Geschichte von Ende Gelände*).

Aus dem Schwung von BlockG8 entsteht 2008 in Hamburg auch das erste Klimacamp in Deutschland – nach dem Vorbild der Klimacamps in Großbritannien. Am Ende des Camps versuchen Hunderte Aktivist*innen, auf das Gelände des Kohlekraftwerks Moorburg zu gelangen, um es zu blockieren.

Im Vorfeld des UN-Klimagipfels in Kopenhagen 2009 entsteht eine breite internationale Vernetzung der Klimabewegung. Die Aktionen zivilen Ungehorsams während des Gipfels scheitern aber an geringer Beteiligung und massiver Polizeirepression. Gleichzeitig wird der Ansatzpunkt, internationale Gipfeltreffen als Hebel für politische Veränderungen zu sehen, zunehmend kritisch bewertet. Es findet eine Umorientierung statt, hin zu den Orten, wo Zerstörung unmittelbar sichtbar wird und direkt eingegriffen werden kann.

Sowohl im Rheinland als auch in der Lausitz finden ab 2010 im Kontext der dort inzwischen regelmäßig stattfindenden Klimacamps Blockaden von Kohlebahnen und Kohlekraftwerken statt. An den ersten Aktionen nehmen eine Handvoll Aktivist*innen teil, bald schon sind es hundert und mehr (siehe dazu ausführlicher im Artikel *Wo wir herkommen: die Geschichte von Ende Gelände*). Und schließlich machen sich an einem frühen

GRÜNER FINGER
BUNTEN FINGER
NRW
POLIZEI

Morgen im August 2015 etwa 1.300 Aktivist*innen, nach Vorbereitung in gemeinsamen Aktionstrainings, organisiert in Bezugsgruppen und Sprecher*innenräten, gekleidet in weiße Anzüge und ausgerüstet mit Strohsäcken, in einer abgewandelten Form der 5-Finger-Taktik vom Klimacamp aus auf den Weg in die Grube und auf die Bagger von Garzweiler II im Rheinland.

Ziviler Ungehorsam von Ende Gelände

In den Vorbereitungstreffen für die erste Aktion von Ende Gelände kommen Menschen aus unterschiedlichen dieser Traditionen zusammen. Sie bringen Erfahrungen aus den Klimacamps und der Besetzung des Hambacher Forstes im Rheinland mit, von BlockG8 in Heiligendamm, den Gipfelprotesten in Kopenhagen oder Castor? Schottern! So können viele Erfahrungen und Ansätze der Bewegungen vor uns aufgegriffen und zusammengebracht werden. Doch es wird auch viel gerungen – um unterschiedliche Zielsetzungen der Aktion, verschiedene Vorstellungen gesellschaftlicher Veränderung oder politischer Kulturen. Auch die Bezugnahme auf den Begriff des zivilen Ungehorsams wird anfangs kontrovers diskutiert. Akteur*innen aus dem Anti-Atom-Widerstand befürchten zum Beispiel, dass sich der Spielraum für ihre als besonders friedlich und familientauglich bekannten Aktionen einenge, wenn Ende Gelände den Begriff für Aktionen benutzen sollte, die dynamischer werden könnten. Letztlich einigen sich die Anwesenden auf die Verwendung des Begriffs. Die Debatten machen jedoch deutlich, dass er umkämpft ist und historischen Veränderungen unterliegt.

Um unser Konzept von zivilem Ungehorsam zu verstehen, werfen wir einen Blick auf unterschiedliche Verständnisse des Begriffs:

Als ziviler Ungehorsam gilt, wenn sich Menschen zusammenschließen und gezielt Gesetze brechen, um auf einen gesellschaftlichen Missstand aufmerksam und einen bestehenden Konflikt sichtbar zu machen und zuzuspitzen. Aktionen zivilen Ungehorsams sind nicht legal, werden aber von ihren Akteur*innen als notwendig und legitim erachtet. Der Begriff ziviler Ungehorsam geht zurück auf einen Text des US-Amerikaners Henry David Thoreau von 1849, in dem er schreibt: »Wenn aber das Gesetz so beschaffen ist, dass es notwendigerweise aus dir den Arm des Unrechts an einem anderen macht, dann, sage ich, brich das Gesetz.«[20] In Deutschland wird der Begriff ab Mitte der 1960er Jahre verwendet.

Es lassen sich dabei verschiedene Verständnisse von zivilem Ungehorsam unterscheiden, beispielsweise anhand der Begründung seiner Legitimität:

Ein enges, liberales Verständnis bezieht sich auf Henry David Thoreau, Mahatma Gandhi und Martin Luther King. Ziviler Ungehorsam wird dabei meist verbunden mit einer gewaltfreien Grundhaltung. Aktionen legitimieren sich dadurch, dass zuvor alle legalen Handlungsmöglichkeiten ohne Erfolg ausgeschöpft wurden. Diejenigen, die zivilen Ungehorsam begehen, stehen in der Öffentlichkeit für ihr Handeln ein und nehmen persönliche Konsequenzen in Kauf. In diesem Verständnis dramatisiert ziviler Ungehorsam einen konkreten Unrechtszustand, zielt auf eine Änderung von Gesetzen ab und wirkt als politisches Korrektiv – ohne, dass damit das bestehende System grundsätzlich in Frage gestellt werden soll.

Nach einem anderen, breiteren Verständnis ist ziviler Ungehorsam allgemeiner eine überlegte und gezielte Übertretung von Gesetzen um wichtiger gesellschaftlicher Ziele willen. Häufig wird zivilem Ungehorsam auch eine grundlegende Demokratisierungsfunktion zugesprochen. In sozialen Bewegungen wird zudem betont, dass ziviler Ungehorsam ein → radikaldemokratischer Lernort ist, in dem Subversion (Dagegen-Sein, Protest, Widerstand) mit Konstruktion (politischer Bildung, Organisierung, → emanzipatorischen Umgangsformen, Aufbau von Alternativen) verbunden ist. Ziviler Ungehorsam und die sozialen Zusammenhänge, die ihn vorbereiten und durchführen, sind demnach durch ständige (Selbst-)Ermächtigungs- und Demokratisierungsprozesse gekennzeichnet. Uneinigkeit innerhalb sozialer Bewegungen besteht etwa hinsichtlich der Frage, ob zunächst alle legalen Mittel ausgeschöpft sein müssen oder ob ziviler Ungehorsam auch dann legitim ist, wenn es nicht erwartbar ist, zunächst mit legalen Mitteln eine rechtzeitige und ausreichende Änderung zu erreichen. Weitere Kontroversen drehen sich um das Verständnis von Gewaltfreiheit und darum, ob es bei Aktionen zivilen Ungehorsams zwingend notwendig ist, mit Gesicht und Namen für das eigene Handeln einzustehen.

Bei Ende Gelände halten wir zivilen Ungehorsam für legitim und notwendig, weil die Klimakrise inzwischen längst Realität ist, während weiterhin eine klimazerstörende Lebensweise aufrecht erhalten wird. Die Folgen der Klimakrise treffen insbesondere Menschen im →Globalen Süden und →marginalisierte Menschen, die am wenigsten zur Entstehung von Treibhausgasen beigetragen haben. Trotzdem dominiert im →Globalen Norden noch immer eine »Weiter-wie-bisher«-Politik. Seit 1992 verhandelt die internationale Staatengemeinschaft über Klimaschutz. Seitdem sind die CO_2-Emissionen immer weiter angestiegen. Nicht zuletzt das Kohlegesetz hat gezeigt: Von der Politik ist nicht zu erwarten, dass sie das Problem von alleine lösen wird. Deswegen sagen wir: »Wenn Gesetze versagen, ist Zeit für Blockaden.« Viele andere Wege der Einflussnahme auf politische Entscheidungen haben andere vor uns bereits beschritten. Dennoch würden die wenigsten bei Ende Gelände Aktiven sagen, dass die Erschöpfung aller legaler Möglichkeiten, ein politisches Ziel zu erreichen, eine notwendige Voraussetzung für die Legitimität zivilen Ungehorsams darstellt.

Wir kündigen unsere Aktionen im Vorfeld an und halten in einem Aktionskonsens fest, was wir tun und wie wir es tun werden. Diese Verständigung auf ein konkretes Verhalten während unserer Aktionen ermöglicht allen teilnehmenden Aktivist*innen, die für sie passenden Rollen zu finden. Unser Aktionskonsens ist üblicherweise so formuliert, dass sich linke Gruppen mit unterschiedlichen politischen Grundansätzen darin wiederfinden können, was große gemeinsame Aktionen möglich macht. Beispielsweise verwenden wir die Begriffe Gewalt und Gewaltfreiheit nicht, da sie strittig sind und letztlich nicht klar ist, was sie konkret beinhalten. Ende Gelände hat sich stattdessen dafür entschieden, konkret zu benennen, was getan wird und was nicht. So heißt es: »Von uns wird keine Eskalation ausgehen« und »die Sicherheit aller Beteiligten hat für uns oberste Priorität«. Der Aktionskonsens ermöglicht aber auch eine breitere Solidarisierung durch andere Organisationen, die eine größere Legitimität schaffen kann. Für interessierte Medien wird es durch die öffentliche Ankündigung einfacher, zu berichten, und oft setzen sich Medien schon im Vorfeld der Aktion mit dem Thema auseinander. Zwar können sich auch Unternehmen und Polizei auf die angekündigten Aktionen einstellen; mit offener Kommunikation und einem vorab veröffentlichten Aktionskonsens steigt jedoch meist auch die Teilnehmer*innen-Zahl, was wiederum die öffentliche Legitimität stärkt. Der Begriff »Aktionskonsens« wurde dabei immer wieder kritisch diskutiert, weil nicht alle an der Aktion Teilnehmenden ihn ausgehandelt hätten, er also kein richtiger Konsens sei. Letztlich haben wir als Ende Gelände klargestellt, dass das Vorbereitungsbündnis den Aktionskonsens in einem offenen Prozess erarbeitet und alle, die ihn mittragen wollen, zur gemeinsamen Aktion einlädt.

Bei früheren Aktionen zivilen Ungehorsams waren das öffentliche Bekenntnis zu der jeweiligen Aktion und der politische Kampf bis in die Gerichtssäle oft feste Bestandteile. Juristisch sind wir jedoch heute mit einer besonderen Situation konfrontiert, die sich auch auf die Bereitschaft, bei Aktionen Namen anzugeben und Gesicht zu zeigen, auswirkt. Seit den 1990er Jahren wurden verschiedene Bereiche öffentlicher Daseinsvorsorge wie die Energieversorgung im Zuge der →neoliberalen Globalisierung zunehmend privatisiert. Dadurch entstehen bei politischen Aktionen Konflikte mit privatwirtschaftlichen Akteur*innen wie den Energiekonzernen, die zum Teil über das Zivilrecht ausgehandelt werden. So hat RWE Aktivist*innen dazu gezwungen, Unterlassungserklärungen zu unterzeichnen und bei Nichtunterzeichnung mit hohen Geldforderungen in zivilrechtlichen Verfahren gedroht. Nach solchen Erfahrungen, aber auch inspiriert durch internationale Aktivist*innen, die an den Aktionen von Ende Gelände teilnehmen und von einer Tradition direkter Aktionen inspiriert sind, begegnen viele Ende-Gelände-Aktivist*innen diesen Versuchen massiver Repression mit massenhafter Verweigerung der Angabe ihrer Personalien: Tausende nehmen seitdem ihre Ausweise nicht mit zu Aktionen, verweigern bei Festnahmen die Angabe ihrer Personalien, bemalen ihre Gesichter, um auf Fotos nicht erkennbar zu sein und verkleben sich die Fingerkuppen gegen die Abnahme von Fingerabdrücken. Sie riskieren damit, länger im Polizeigewahrsam zu bleiben, können aber schwerer identifiziert werden. Mit dieser Strategie gelingt es bei Ende-Gelände-Aktionen immer wieder, Polizei und Justiz zeitweilig zu überlasten und damit Repression zu erschweren. Und mit den Pressesprecher*innen gibt es zudem Personen, die Ende Gelände in der Öffentlichkeit ein Gesicht geben.

Unser ziviler Ungehorsam folgt einem weiten, radikaldemokratischen Ansatz. Wir gehen an die Orte der Zerstörung und nehmen den Kohleausstieg wenigstens teilweise »selbst in die Hand«, statt an Orten der Entscheidung zu protestieren. Das heißt, wir stellen nicht in erster Linie Forderungen an die bestehenden, versagenden Institutionen, sondern machen deutlich, dass weder Parlamente und Politiker*innen noch »der Markt« fähig sind, das Problem zu lösen, und entziehen ihnen öffentlich das Vertrauen.

Zudem geht es uns um mehr als um den sofortigen Kohleausstieg. Es geht auch darum, die Art und Weise, wie Politik gemacht wird, zu verändern. Wenn wir in den Treffen von Ende Gelände und bei Plena während unserer Aktionen → basisdemokratisch und im Konsens entscheiden, Strukturen so gestaltet werden, dass möglichst viele sich beteiligen können, Wissen und Fähigkeiten an möglichst viele weitergegeben und Hierarchien abgebaut werden, ist dies ebenso Element der Gesellschaftsveränderung wie die sichtbaren Aktionen. In der Art und Weise, wie wir zusammenarbeiten und entscheiden, wird nämlich die größere Utopie einer solidarischen Gesellschaft greifbar und vorgelebt. Mit seiner radikaldemokratischen Praxis und Konsensorientierung ist Ende Gelände mehr als eine Korrektur der bestehenden Politik: Es geht darum, die ganze Art politischer Entscheidungsfindung mitzuverhandeln.

Ziviler Ungehorsam als Dilemma-Strategie

Während der Vorbereitung der ersten Ende-Gelände-Aktion stritten die Beteiligten über die Zielsetzung: Sollte es beim Blockieren um maximale CO_2-Einsparung gehen, um größtmöglichen wirtschaftlichen Schaden für die Kohlekraftwerksbetreiber oder um die Beeinflussung der öffentlichen Meinung mit dem letztlichen Ziel eines politisch beschlossenen Ausstiegs aus der Kohleindustrie? Wir haben uns entschieden, mit den Massenaktionen an die Orte zu gehen, wo wir unmittelbare Veränderungen bewirken und ökonomischen Druck aufbauen können und die Zerstörung zugleich in den Medien sichtbar werden kann. Wenn Bagger stillstehen, Schienen für den Weitertransport der Kohle zu den Kraftwerken blockiert werden oder Kohlebunker besetzt sind, unterbricht diese direkte Intervention den üblicherweise unsichtbaren Ablauf der Energieherstellung aus Kohle. Wenn Kraftwerke gedrosselt werden müssen, wird CO_2 eingespart, und jede Tonne CO_2, die nicht ausgestoßen wird, ist ein erster Schritt zu einer klimagerechten Welt.

Ebenso wichtig ist es aber, Vorstellungen darüber zu ändern, was als »normal« oder im Interesse der Allgemeinheit erscheint, was vorstellbar oder machbar ist. Deswegen zielen wir auch darauf, die öffentliche Diskussion zu beeinflussen. Im Bewusstsein, dass wir durch unsere Aktionen die Zerstörung durch Braunkohleabbau und CO_2-Ausstoß nur punktuell unterbrechen können, ist eine offensive Medienarbeit Teil unserer Strategie. Der Regelübertritt und die starken Bilder machen Ende Gelände für die öffentliche Berichterstattung interessant. So gelingt es, unsere eigenen Darstellungen und Deutungen in die öffentliche Debatte einzubringen. Unsere Presse- und Öffentlichkeitsarbeit zielt auch darauf ab, Sympathien und Unterstützung aus der breiten Bevölkerung zu gewinnen. Wir denken nämlich, dass sich die Gesellschaft nur in emanzipatorischer Weise verändern lässt, wenn es dafür eine breite gesellschaftliche Zustimmung gibt. Zugleich versuchen wir zu erreichen, dass unsere Aktionen in der Öffentlichkeit als legitim und angemessen wahrgenommen, Kriminalisierungsversuche zurückgedrängt werden und staatliche Repression als unangemessen erscheint und öffentliche Empörung hervorruft.

Wir kombinieren also verschiedene Ansätze: Einerseits blockieren wir fossile Infrastruktur wie Bagger möglichst lange, um damit CO_2-Ausstoß zu verhindern und wirtschaftlichen Druck auf Unternehmen zu erzeugen. Gleichzeitig lenken wir die Aufmerksamkeit der Medien auf die Orte der Zerstörung und beeinflussen so die öffentliche Debatte in unserem Sinn. Dabei gibt es dennoch unterschiedliche Schwerpunkte. Für die einen sind direkte Interventionen in erster Linie ein Mittel, um öffentliche Aufmerksamkeit zu erzeugen und so die öffentliche Diskussion beeinflussen zu können. Für andere ist der öffentliche Diskurs notwendig, um Legitimität für direkte Interventionen zu schaffen. In der Praxis ergänzt sich zumeist beides.

Wenn unser Aktionskonzept – in die materiellen Verhältnisse direkt einzugreifen, mediale Öffentlichkeit zu erzeugen und dabei in einer breiten Öffentlichkeit als legitim wahrgenommen zu werden – aufgeht, bringt es die Verantwortlichen in eine Dilemma-Situation. Egal wie sie reagieren, stärkt es die Bewegung: Wenn Kohlekonzerne, Regierungen und Polizei die Aktivist*innen gewähren lassen, erreichen wir durch unsere Aktionen das unmittelbare Ziel der physischen Intervention. Es ist ermächtigend, Emissionen in relevantem Umfang gemeinsam verhindern zu können und das sorgt für ein Wachstum der Bewegung. 2016 behinderte die Polizei unsere Aktion in der Lausitz kaum. Dadurch konnten die Aktivist*innen erreichen, dass Kohlekraftwerke gedrosselt werden mussten. Greifen Konzerne und Politik hingegen auf Gewalt zurück, um unsere Aktionen zu verhindern, ist es uns bislang zumeist gelungen, die Gewaltanwendung so zu skandalisieren, dass breite Empörung und Solidarisierungen die Folge waren. Bemühungen, Ende Gelände als kriminell und gewalttätig darzustellen, konnten wir einen Strich durch die Rechnung machen. Stattdessen machten die Repressionen undemokratische staatliche und kapitalistische Tendenzen sichtbar. Beim Polizeieinsatz in der Auseinandersetzung um die Rodung des Hambacher Forstes 2018 wurden Eigentums- und Profitinteressen so offenkundig über die

Rechte von Menschen auf körperliche Unversehrtheit und Meinungsfreiheit gestellt, dass plötzlich Tausende Menschen, von Familien bis Anwohner*innen, zu spontanem zivilen Ungehorsam und dem Übertreten von Gesetzen bereit waren.

Ziviler Ungehorsam als Selbstermächtigung

Doch nicht allein durch die direkte Wirkung unserer Aktionen und die Beeinflussung von Diskussionen in der Öffentlichkeit wollen wir die Welt verändern. Ein weiteres zentrales Element des zivilen Ungehorsams bei Ende Gelände ist die Erfahrung von Ermutigung und Ermächtigung. Zu den Aktionen von Ende Gelände kommen viele Menschen, die schon seit Jahren für Klimagerechtigkeit eintreten, aber immer ohnmächtiger und teilweise wütender auf das Versagen der Politik schauen. Ziviler Ungehorsam ist eine Möglichkeit, den Protest zu verschärfen und nicht mehr nur an politische Entscheidungsträger*innen zu appellieren, sondern gemeinsam mit vielen Anderen selbst zu tun, was notwendig erscheint, um die Klimakrise zu stoppen. Eine Ende-Gelände-Aktion dauert meist nur wenige Tage, aber die Erfahrung, mit der eigenen politischen Einschätzung nicht allein zu sein, und die Erfahrung, gemeinsam wirksam zu sein, gibt Kraft für den Einsatz für Klimagerechtigkeit das ganze Jahr über. Menschen werden gemeinsam mit anderen aktiv gegen die zerstörerischen Verhältnisse und erleben, dass auch Konzernriesen verwundbar sind, wenn sich viele zusammenschließen. Unser ziviler Ungehorsam ermutigt auch deshalb, weil er es Menschen ermöglicht, aus dem Zwang der klimaschädlichen Verhältnisse auszubrechen, in den sie selbst sich in ihrem Alltag immer wieder einfügen (müssen). Indem wir bewusst und aktiv die Regeln brechen und den Gehorsam verweigern, können wir zeitweise das Gefühl von Ohnmacht angesichts der Zerstörung der Erde abschütteln, Handlungsfähigkeit erfahren und neue Hoffnung schöpfen.

Auch aufgrund der Organisationsformen, mit denen wir versuchen, unsere politischen Ziele und Ansprüche bereits im Hier und Heute vorwegzunehmen, machen viele Menschen bei Ende-Gelände-Aktionen Erfahrungen von Solidarität. Dies vermittelt eine Ahnung davon, wie sich eine bessere Welt anfühlen kann. Selbstverständlich mit fremden Menschen Essen und wärmende Kleidung teilen, sich in herausfordernden Situationen, die an persönliche Grenzen bringen, gegenseitig unterstützen und füreinander da sein, sich in aller Verletzlichkeit zeigen können und darin angenommen werden, spüren, dass in Entscheidungsprozessen Bedürfnisse und Grenzen ernst genommen und respektiert werden und dass jede*r Einzelne zählt und gehört wird: Während unserer Aktionen können wir diese Erfahrungen von Solidarität machen, die Kraft geben und Lust machen auf eine Welt jenseits von Individualisierung, Konkurrenz und → Verwertungszwang.

Gleichzeitig machen auch bei Ende Gelände Menschen negative Erfahrungen. Auch bei uns gibt es Sexismus, → Rassismus, Ausgrenzung und Verunsicherung. Zudem bedeutet ziviler Ungehorsam für nicht-*weiße* Menschen ein viel höheres Repressionsrisiko als für andere. Die Aktionen erfordern auch ein hohes Maß an körperlicher Fitness, wodurch Bilder von Aktivist*innen als jung, stark und belastbar reproduziert werden. Immer wieder erfahren Menschen bei den Aktionen leider auch Polizeigewalt und Repression, die traumatisierend und vereinzelnd wirken können. So sehr wir versuchen, Umgangsweisen und Strukturen gegen diese negativen Erfahrungen zu etablieren, bleiben bisher leider alle Versuche, Utopien schon innerhalb der bestehenden Gesellschaft vorwegzunehmen, begrenzt, und neben Erfahrungen von Solidarität und Ermächtigung gibt es auch negative Erlebnisse.

Immer wieder betonen wir, dass die gemeinsame Vorbereitung, das Voneinander-Lernen und die unterstützenden Strukturen, die gemeinsam organisiert werden, auch ein wichtiges Element unserer Aktionen sind. Wir konnten für die ersten Aktionen auf jahrelang gewachsene Strukturen zum Beispiel der lokalen Klimacamps zurückgreifen (siehe den Artikel *Wo wir herkommen: die Geschichte von Ende Gelände*). Inzwischen organisieren wir selbst Camps, auf denen sich Aktivist*innen treffen und an einem großen Angebot an selbstorganisierten Workshops und Bildungsveranstaltungen zu Kohle, der fossilen Industrie, Aktivismus etc. teilnehmen können. Im Vorfeld der Aktionen bietet das Netzwerk Skills for Action Aktionstrainings an und Aktivist*innen erfahren und üben, wie sie sich in kleinen Bezugsgruppen organisieren, wie sie sich in einer Blockade und gegenüber der Polizei verhalten, wie sie basisdemokratisch Entscheidungen treffen können und welche Repression möglicherweise auf sie zukommt. Das Legal Team für Alle und die Gruppe Out of Action sind nach den Aktionen ansprechbar für Menschen, die Repression erfahren und bieten rechtliche beziehungsweise emotionale Unterstützung an (siehe auch den Artikel *Uns vom Gegenwind nicht aufhalten lassen: (Anti-)Repression bei Ende Gelände*). Es gibt Aktionsplena, auf denen alle die notwendigen Infos für die Aktion erhalten und sich einbringen können. Aktivist*innen erhalten auf diese Art wichtiges Wissen, das sie auch in anderen politischen Zusammenhängen nutzen können. Dadurch werden viele Menschen ermutigt und befähigt, sich selbst politisch zu organisieren und einzumischen. Das hat zum Anwachsen der Klimagerechtigkeitsbewegung beigetragen. So gibt es mittlerweile zahlreiche Ende-Gelände-Ortsgruppen, die lokal für Klimagerechtigkeit kämpfen.

Neben allen Diskussionen über die Ausrichtungen von zivilem Ungehorsam und Überlegungen, welche Wirkungen und Folgen Ende Gelände hat, bleibt vor allem festzuhalten: Tausende Menschen dringen seit 2015 bei Ende-Gelände-Aktionen in Kohlegruben ein, besetzen Kohleschienen und Bagger. Sie übertreten bewusst Gesetze und nehmen persönliche Risiken in Kauf, um etwas gegen die Klimakrise zu tun.

Geschichten verändern, neue Stimmen stark machen: unsere Diskursintervention

Von Dorothee und Lara

Sofortiger Kohleausstieg – diesen Claim gibt es noch nicht so lange. Als 2011 etwa 80 Menschen einen Kohlezug in der Nähe des Tagebaus Hambach blockierten, brachten sie diese Forderung bewusst ins Spiel, in Anlehnung an den »sofortigen Atomausstieg«. Das Ziel war, im öffentlichen Diskurs einen Gedanken zu etablieren, den sich bis dato kaum ein*e Journalist*in auszusprechen traute: Klimaschutz bedeutet für Deutschland, aus der Kohle auszusteigen – und zwar sofort. Ende Gelände knüpfte daran an. Mit der spektakulären Blockade-Aktion im Sommer 2015 gelang dem Bündnis und seinen Forderungen erstmals der Sprung in bundesweite und internationale Medien.

Diese Taktik, ein Thema in die Medien zu bringen, haben wir als Ende Gelände seither nicht nur für den sofortigen Kohleausstieg angewandt, sondern auch für die Begriffe »Klimagerechtigkeit« und »Systemwandel«. Und: Wir haben es nicht nur in die Twitter-Trends geschafft, sondern in die ganze Palette der Medien, von taz bis Tagesschau.

Wenn Aktivist*innen vor Kraftwerken oder Baggern sitzen, ist das ein direkter Eingriff in eine zerstörerische Industrie, der an diesem Tag eine unmittelbare Wirkung hat (z. B. dass ein Kraftwerk heruntergefahren werden muss). Die Blockaden sind außerdem Erfahrungsräume, in denen Beteiligte Selbstwirksamkeit erleben können, die langfristig politisiert und Mut für Veränderung gibt. Daneben haben unsere Aktionen eine Wirkung in den Medien: Wir nutzen die öffentliche Aufmerksamkeit, um unserer Sicht auf die Dinge – unserer »Geschichte« – Gehör zu verschaffen.

Macht entsteht und verfestigt sich nämlich nicht nur durch Gesetze und Institutionen, sondern auch durch die Zustimmung der Bevölkerung und durch – häufig stillschweigende – gesellschaftliche Übereinkünfte. Was gilt als normal oder gerecht, was als Skandal? Diese Frage wird durch die herrschenden Diskurse geprägt – also »Regelsysteme, die hinter den sichtbaren Machtstrukturen liegen«.[21] Um Gegenmacht aufzubauen, wollen wir darum Stimmen stark machen, die sonst nicht gehört werden, und damit Diskurse verändern. Das bezeichnen wir als Diskursintervention.

Mit welchen Methoden wir das machen, wie sich die Kommunikation von Ende Gelände im Laufe der Jahre verändert hat und wo Diskursintervention an Grenzen stößt: darum geht es in diesem Kapitel.

Tagesschau, nicht nur Twitter

Zunächst stellt sich natürlich die Frage: Warum wollen wir überhaupt diese Intervention in den öffentlichen, den »Mainstream«-Diskurs? Warum geben wir uns so viel Mühe, nicht nur in linke Szene-Zeitungen zu kommen, nicht nur auf Social Media möglichst viele Gleichgesinnte als Follower zu haben, sondern es auch in die großen Tageszeitungen, die Online-Leitmedien und die Abendnachrichten von ARD bis RTL zu schaffen? Bei der Kommunikationsarbeit bedienen wir als Ende Gelände das gesamte Spektrum, denn wir wollen mit unseren Aktionen auch die ganze Gesellschaft verändern.

Wir haben bei Ende Gelände verschiedene Auffassungen darüber, wie genau der notwendige gesellschaftliche Wandel aussehen wird, wie Deutschland und die ganze Welt die Abhängigkeit von Kohle und fossilem Kapitalismus überwinden können. Einig sind wir uns aber, dass wir den Wandel gemeinsam von unten vollziehen wollen: mit people power gegen die Regierung, die in der Klimakrise versagt, und gegen die Interessen der fossilen Industrie. Wir haben mächtige Gegner und keine Zeit mehr zu verlieren, denn die Erde heizt sich immer weiter auf. Nur wenn wir es schaffen, dass weltweite Klimagerechtigkeit und ein besseres Wirtschaftssystem möglichst vielen Menschen sinnvoll und notwendig erscheinen, haben wir eine Chance, den Kampf dafür auch zu gewinnen.

Das ist kein Selbstläufer. Wir können nicht einfach loslaufen, tun, was wir für richtig halten und erwarten, dass alle anderen das sofort verstehen. Wir müssen erklären, wogegen und wofür wir sind und warum und wie es anders sein könnte. Und dafür braucht es Kommunikation – auch und gerade mit den breiten Teilen der Gesellschaft, die noch nicht auf unserer Seite stehen. Und die erreichen wir nicht in unserer Twitter-Blase oder der linksalternativen Zeitung. Wenn wir die Menschen überzeugen wollen, die uns noch unentschieden oder skeptisch gegenüberstehen, und wenn wir diejenigen ins Zweifeln bringen wollen, die aktuell noch klar gegen uns stehen, dann müssen wir in die Massenmedien und möglichst auch in die besonders konservativen.

Ende Gelände bedeutet: massenhafter ziviler Ungehorsam, bei dem möglichst alle mitmachen können. Das gilt auch für unsere Kommunikation, auch hier wollen wir möglichst viele Menschen abholen und mitnehmen. »Tagesschau, nicht nur Twitter« ist deshalb die Devise in der Pressearbeit. Das bedeutet nicht, dass soziale Medien nicht extrem wichtig wären: Hier können wir Themen selbst setzen und zum Trenden bringen, können unsere eigenen Bilder und Botschaften verbreiten, die dann wiederum von Twitter oft den Sprung in klassische Medien schaffen. Wir setzen also bei unserer Diskursintervention immer erstmal in unseren eigenen Kreisen und vor allem in den sozialen Medien an – das Ziel ist es aber stets, dass wir es aus unserer Blase heraus- und in den großen, öffentlichen Diskurs hineinschaffen.

Der Sprung über die Nachrichtenschwelle

Ein Thema erstmal interessant zu machen, ist mühsam. Journalist*innen rufen nicht von sich aus regelmäßig bei uns an und fragen nach der Meinung von Ende Gelände zu Klimakrise und Kapitalismus. Vielmehr müssen wir uns die Aufmerksamkeit der Medien erarbeiten: Wir müssen Journalist*innen einen Anlass geben, über uns zu berichten – nur dann halten sie uns auch ihr Mikrofon hin und hören uns zu. Darum achten wir bei all unseren Aktionen darauf, dass sie bildstark sind. Egal ob Foto oder Film: Journalist*innen lieben gute Bilder. Und der große Vorteil für uns ist: Schon durch unsere Bilder können wir jede Menge kommunizieren. Die Mondlandschaft der Tagebaue steht für ökologische Zerstörung. Tausende Menschen, die sich vor riesige Bagger stellen, erzählen von kollektivem Widerstand, und dass wir gemeinsam stark genug sind, um eine scheinbare Übermacht aufzuhalten. → Finger, die durch Polizeiketten fließen, machen deutlich, dass wir uns nicht aufhalten lassen. Diese Bildsprache ist eine der Stärken von Ende Gelände.

Mit unserer Aktionsform erregen wir Aufmerksamkeit – dann folgen unsere inhaltlichen Botschaften. Damit Journalist*innen diese erstens verstehen und zweitens auch für relevant halten, müssen wir in der Pressearbeit eine Art Übersetzungsleistung erbringen: aus linksradikal-akademischem »Szenesprech« ins Normalverständliche. In einem zweiten Schritt müssen wir dann diese Ideen (»sofortiger Kohleausstieg«, »Systemwandel« etc.) in einen Klima-Diskurs einbringen, in dem sie bis dato gar nicht vorkommen.

Diese Intervention, das Sich-Hineindrängen in den bestehenden Diskurs, funktioniert vor allem aus zwei Gründen: Erstens, weil wir uns schon durch unsere Aktionsform hervorheben, den zivilen Ungehorsam als gezielten Regelbruch. Wenn wir nicht bei einer angemeldeten Demonstration auf der Straße, sondern direkt am Ort der Klima-Zerstörung, in der Grube, vor dem Kraftwerk oder Bagger stehen, wird intuitiv verständlich, dass wir weitreichende, radikale Positionen vertreten. Wir erarbeiten uns die Legitimation dafür quasi, indem wir mit Tausenden Menschen Polizeiketten durchfließen. Zweitens, und das ist ebenso wichtig, befolgen wir die Regeln der Kommunikation in den Medien: Wir liefern Journalist*innen vorab alle Informationen und nehmen sie mit in unsere Aktion, schicken ihnen professionelle Pressemitteilungen rechtzeitig vor Redaktionsschluss, bieten bei unseren Aktionen spektakuläre Bilder und lassen uns auch fotografieren. Unsere Pressesprecher*innen zeigen Gesicht, stehen mit Namen für das, was sie sagen, und geben den Pressevertreter*innen ihre Handynummer. Weil wir in dem, was wir sagen, so radikal[22], aber gleichzeitig nahbar sind, haben wir es über die Jahre geschafft, mit jeder Aktion die Grenze dessen, womit wir gehört werden, zu verschieben.

Der Sprung über die Nachrichtenschwelle wird leichter, wenn wir an einen bestehenden Diskurs anknüpfen und diesen quasi als Sprungbrett nutzen können: Gesetzesvorhaben (Kohleausstiegsgesetz), Wahlen, Weltklimakonferenzen, Jahreshauptversammlungen von Konzernen etc. Wenn es ein solches Sprungbrett nicht gibt, dann müssen wir den Berichterstattungsanlass selbst schaffen, indem wir eine Aktion machen, die so groß und spektakulär ist, dass sie einen Großeinsatz der Polizei auslöst, ein Kraftwerk tatsächlich von der Versorgung abschneidet o. Ä. Dann ist unser Protest an sich schon interessant genug für die Medien. Dank unserer Mobilisierungsstärke haben wir das schon mehrmals geschafft, so beispielsweise im September 2020, mitten in der Coronakrise. Die Erfahrung zeigt aber: Je besser wir den aktuellen Diskurs rund um Klima, Kohle und Kapitalismus verstehen und daran anknüpfen, desto besser können wir unsere eigenen Positionen platzieren.

Das Ungehörte unüberhörbar machen

Ende Gelände kommt in der öffentlichen Diskussion zu Klimathemen eine Schlüsselrolle zu, weil wir eine Brücke zwischen Menschen in der politischen Linken, der breiteren Klimabewegung und dem großen restlichen Teil der Bevölkerung bilden. Wir wollen unsere Ideen zu den großen Fragen, wie wir die Klimakrise stoppen und ein global gerechtes Wirtschaftssystem und ein gutes Leben für alle verwirklichen können, nicht nur eins-zu-eins in Workshops vermitteln. Das würde viel zu lange dauern und die meisten Menschen nie erreichen. Stattdessen wollen wir unsere Botschaften dort platzieren, wo Hunderttausende hinschauen, in den Mainstream-Medien, und wir bringen unsere Forderungen durch spektakuläre (Massen-)Aktionen und professionelle Pressearbeit in die Nachrichten.

Die Pressearbeit von Ende Gelände ist dabei eine Art Katalysator dessen, was ohnehin in der Luft liegt: Wir buchstabieren aus, was die notwendigen Konsequenzen klimawissenschaftlicher Erkenntnisse sind – was sich aber unter Umweltorganisationen, Klimawissenschaftler*innen und Politiker*innen kaum jemand auszusprechen traut. Die Aufgabe unserer Pressesprecher*innen ist, das zu fordern, was bis dahin vielleicht schon oft gesagt, aber kaum gehört wurde: »sofortiger Kohleausstieg«, »weltweite Umverteilung«, »Systemwandel«.

In der Klima-Debatte machen wir uns dabei nicht bei allen beliebt. → NGOs wählen ihre Positionen auch danach, was gerade opportun ist, damit sie sich nicht die Chance verspielen, zu Lobby-Gesprächen mit Entscheidungsträger*innen eingeladen zu werden. Denn egal, wie krass sich die Klimakrise auch zuspitzt: Wer in der Öffentlichkeit etwas sagt, das zu weit weg ist von aktuellen gesellschaftlichen Übereinkünften, läuft Gefahr, auf Ablehnung zu stoßen. Ende Gelände aber versucht gerade, das Feld des öffentlich Sagbaren auszudehnen. Dafür müssen wir uns notwendigerweise so weit wie möglich vorwagen, uns auf dünnes Eis begeben, austesten, wie weit es trägt – und auch das Risiko eingehen, dass das Eis bricht. Wir sagen, was klimawissenschaftlich notwendig ist, um die Erderhitzung zu stoppen, und was gesellschaftspolitisch notwendig ist für globale Gerechtigkeit – und dabei machen wir keine Kompromisse. Wir bemühen uns aber, unsere Positionen verständlich herunterzubrechen, an aktuelle Ereignisse und Diskurse anzuknüpfen und für Journalist*innen möglichst interessant zu machen – damit wir das Unhörbare hörbar machen.

Wenn das gelingt, wenn das Eis hält, auf das wir uns vorgewagt haben, dann können andere im Diskurs nachfolgen. Davon haben Umweltorganisationen profitiert, davon profitiert

auch Fridays for Future (FFF): Auf den radikalen Klimadiskurs, den Ende Gelände 2015 bis 2018 etabliert hat, konnten die Schüler*innen aufbauen – und natürlich haben sie ihn auf eine völlig neue Ebene gehoben. Dank ihnen waren Klimaschutz und Kohleausstieg 2019 nichts Unhörbares mehr, sondern in aller Munde – und für uns als Ende Gelände öffnete sich dadurch ein neues Möglichkeitsfenster der Diskursintervention.

Von der Kohle zur Kapitalismuskritik

Getragen im Aufwind von FFF konnte Ende Gelände 2019 einen weiteren Gedanken in den Klima-Diskurs einbringen (endlich!): den Systemwandel. Wo Schüler*innen Klimaschutz forderten (und gehört wurden), riefen wir nach der Überwindung unserer kapitalistischen Wirtschaftsweise: »Nächster Schritt: Systemwandel« lautete die Zwischenüberschrift in einem ZEIT-Online-Artikel[23], als Ende Gelände mit Tausenden Aktivist*innen das Lausitzer Kohlerevier blockierte. Das hatten wir schon in den Jahren zuvor immer wieder in Interviews gesagt und in unsere Pressemitteilungen geschrieben, die Massenmedien hatten es allerdings nie aufgegriffen.

Zu einem Zeitpunkt, als die Geschichte des Kohle-Widerstands auserzählt schien, weil die → Kohlekommission sich auf das Ausstiegsdatum 2038 geeinigt hatte, entstand durch die Schüler*innen-Proteste ein neuer Klima-Diskurs – breiter und stärker als je zuvor. Mit den Aktionen von Ende Gelände 2019 ist uns hier erneut eine Intervention gelungen: Mit der Botschaft von »Systemwandel« konnten wir das Feld des in der öffentlichen Debatte Hörbaren erneut erweitern.

Kapitalismuskritik als neues Thema zu setzen, war deshalb möglich, weil Ende Gelände stets den Schulterschluss mit FFF gesucht hat: Die Schüler*innen haben unseren »radikalen« Aktionsformen und Forderungen Legitimität gegeben mit ihren Solidaritätsbekundungen. Wir wiederum haben ihren Positionen Legitimität verschafft, indem wir mit unseren weitergehenden Forderungen verändert haben, was in der öffentlichen Diskussion als »radikal« und was als »gemäßigt« gilt.

Leider führt diese Diskurserweiterung noch lange nicht dazu, dass die Regierung auch tatsächlich Klimaschutz-Maßnahmen ergreift oder dass sich gar alle Menschen zusammenschließen und den Kapitalismus überwinden. Nur weil etwas hörbar ist, nur weil es logisch und vernünftig erscheint, wird es noch lange nicht gemacht. Das mussten wir bitter erfahren, als aus unserer Forderung nach einem sofortigen Kohleausstieg im realpolitischen Prozess ein Kohleverlängerungsgesetz bis 2038 wurde. Oder als nach dem globalen Klimastreik 2019, als allein in Deutschland 1,4 Millionen Menschen auf die Straße gingen – und die Bundesregierung ein völlig unzureichendes »Klimaschutzpäckchen« verabschiedete.

Allein mit Kritik am Kapitalismus werden wir also dieses ausbeuterische Wirtschaftssystem nicht in die Knie zwingen, so viel ist klar. Dennoch bleibt Diskursintervention ein notwendiger Schritt, um gesellschaftliche Veränderungen anzustoßen – und das sehen wir auch weiter als unsere Aufgabe.

Unser Rezept für Diskursintervention

Zum Schluss fassen wir fünf Punkte zusammen, die sich in fünf Jahren Pressearbeit bei Ende Gelände herauskristallisiert haben und die wir mitnehmen wollen für erfolgreiche Diskursintervention in der Zukunft.

1. Ort und Zeit sind entscheidend

Eine erfolgreiche Aktion braucht gute Bilder. Diese müssen sich aus dem Aktionsbild ergeben und Journalist*innen müssen die Gelegenheit haben, diese Bilder auch zu machen. Der Aktionsort muss symbolhaft und selbsterklärend sein, gleichzeitig gut zugänglich auch für die Medien. Ein einzelner spektakulärer Aktionsort reicht aus Mediensicht eigentlich aus; wenn es darüber hinaus zu viele weitere Aktionen an anderen Orten gibt, kommen diese in den Medien vermutlich nicht oder kaum vor.

Der Zeitpunkt sollte so gewählt sein, dass unsere Botschaften an einen aktuellen Diskurs anknüpfen können, sich aber nicht mit einem anderen politischen Großereignis (weltweit) in die Quere kommen; ob wir es in die Nachrichtenauswahl des Tages schaffen, hängt auch davon ab, was sonst so passiert an dem Tag.

2. Neu und besonders sein

Um für die Medien interessant zu bleiben, müssen wir mit jeder Aktion wieder neu etwas Spektakuläres schaffen: Die Presse will ständig einen Superlativ (die »größte« Aktion der Geschichte) oder ein »erstmals« – denn das, so lernen Journalist*innen, sind Kriterien dafür, dass etwas einen Nachrichtenwert hat. Das hat sich 2020 wieder gezeigt, als wir zum ersten Mal ein Gaskraftwerk blockiert haben: Die Medien haben es geliebt. Und wir brachten so die Botschaft, dass auch Gas extrem klimaschädlich ist, bis in die Tagesschau.[24]

Aber das Problem an Superlativen ist, dass sie in den meisten Fällen die Dinge unsichtbar machen, die außerhalb unseres Blickfelds passiert sind. Wissen wir denn wirklich so genau, was soziale Bewegungen in anderen Regionen der Welt schon alles organisiert haben?

Und der Logik des Nachrichtenwertes steht die Notwendigkeit des langen Atems entgegen. Auch wenn Kämpfe medial abgegessen wirken, sind sie noch lange nicht gewonnen. Soziale Bewegungen brauchen Zeit und Ausdauer, um Machtverhältnisse zu verschieben.

3. Sich mühen und überzeugen – jedes Mal wieder

Egal wie lange wir es schon versuchen: Wir dürfen nie davon ausgehen, dass unsere Überzeugungen von einer besseren Welt für alle logisch und sofort verständlich sind. Wir müssen häufig alles immer wieder ganz geduldig von Anfang an erzählen – mit dem Elan und der Überzeugungskraft, als würden wir es zum ersten Mal sagen. Das ist mühsam – aber der einzige Weg raus aus der eigenen »Blase« und rein in neue, breite Gesellschaftsschichten.

Wir können auch nicht davon ausgehen, dass Journalist*innen sich ohnehin schon für uns interessieren und sich von sich aus bei uns melden. Vielmehr müssen wir ihnen vor jeder Aktion hinterhertelefonieren und sie davon überzeugen, dass es einerseits für die Medien total spannend wird und sie andererseits die richtige Zeitung oder Fernsehsendung sind, um darüber zu berichten.

4. Sprungbretter nutzen

Die Nachrichtenschwelle überspringen ist wie Bockspringen: Es braucht das richtige Timing, genug Anlauf und Mut – und mit einem Sprungbrett, auf dem wir abspringen können, geht es sehr viel besser. Dieses Sprungbrett kann ein politisches Ereignis sein (Beschluss des Kohle-Gesetzes oder ähnliches), es kann aber auch ein aktueller politischer Streit sein, in den wir mit einer Aktion intervenieren. Für unsere Aktionsplanung bedeutet das: Wenn wir unsere Aktionstermine so legen, dass es in dem Zeitraum, in dem die Aktion stattfindet, ein Diskurs-Sprungbrett für uns gibt, erleichtert dies die Pressearbeit erheblich.

Unterschiedliche Ausgangsvoraussetzungen für den Sprung bedeuten, dass wir nicht immer die gleichen Botschaften übermitteln können, nicht so radikal und weitreichend, wie es notwendig wäre. In einem Klima-Jahr 2019, als dank FFF die Klimakrise das Top-Thema in den Nachrichten war, konnten wir sehr viel weiterreichende Botschaften vermitteln als 2020, in dem die Coronakrise die Nachrichten dominierte und wir die Klimakrise immer erstmal wieder über die Nachrichtenschwelle katapultieren mussten. Und während wir 2020 das Thema Gas überhaupt erst als Problem benennen mussten, gab es 2021 bereits einen handfesten Streit um die Pipeline Nord Stream 2 und die geplanten LNG-Terminals, an den wir mit sehr viel weitergehenden Botschaften anknüpfen können. Das bedeutet: Damit die Diskursintervention gelingt, müssen wir die aktuelle Nachrichtenwelt genau analysieren und dann mit der richtigen Mischung aus Mut und Fingerspitzengefühl daran anknüpfen.

5. Sich anpassen, um zu verändern?

So sehr wir auch die Welt grundlegend vom Kopf auf die Füße stellen müssen, um Gerechtigkeit zu erreichen – wenn wir in den Medien gehört werden wollen, stellen wir fest, dass wir uns an die gängige Medienlogik ein Stück weit anpassen müssen. Je souveräner wir die Spielregeln der Presse zu befolgen wissen, desto erfolgreicher platzieren wir unsere Version der Geschichte in den Mainstreammedien. Doch diese Regeln widersprechen in vielen Aspekten unseren →emanzipatorischen Grundüberzeugungen. Ein Beispiel ist die Vorliebe der Presse für Konflikte, Superlative oder Einzelpersonen. Die Medien berichten gerne über charakterstarke und möglichst prominente Menschen, die wirken, als würden ihnen schlaue und radikale Dinge einfallen, wenn sie morgens alleine am Küchentisch sitzen. Wir dagegen wollen möglichst viele Menschen dazu ermächtigen, mit der Presse zu sprechen, und setzen dabei auf wechselnde Gesichter sowie auf Kernbotschaften, die wir im Plenum im Konsens beschlossen haben. Durch unsere Arbeit können wir die bestehende Presselogik auch immer ein wenig verändern: Seitdem wir festgestellt haben, dass Journalisten und auch Journalistinnen männliche Pressesprecher deutlich häufiger zitieren als weibliche, achten wir darauf, möglichst nur Pressesprecherinnen zu Interviews zu schicken. Damit verändern wir direkt die Stimmen und Gesichter, die in gesellschaftspolitischen Fragen gehört werden.

Jede soziale Bewegung steht vor der Frage, inwieweit sie nach den Spielregeln der Medien spielen will, um erfolgreich die eigenen Inhalte in den Diskurs einzubringen. Dies ist eine Gratwanderung, über die wir in ständigem Austausch bleiben müssen. Es lohnt sich, dies zu wagen. Im herrschenden Diskurs fehlen nämlich wichtige Stimmen und Perspektiven, er verfestigt altbekannte Erklärungsmuster und Machtstrukturen, die den Planet an den Rand des Kollaps gebracht haben. Der Diskurs ist der Zement des Status Quo. Lasst ihn uns aufbrechen.

Uns vom Gegenwind nicht aufhalten lassen: (Anti-)Repression bei Ende Gelände

Vom Legal Team für Alle

Wer schon einmal an einer Ende-Gelände-Aktion teilgenommen hat, weiß, dass wir auch Gegenwind erfahren. Je mehr wir sind, je kreativer und erfolgreicher, desto mehr versuchen Staat und Konzerne, uns den Wind aus den Segeln zu nehmen. Teilnehmende erfahren Polizeigewalt, Aktivist*innen werden in Polizeigewahrsam gebracht, manchmal gibt es Strafverfahren und so weiter. Wie wir damit umgehen, ohne den Mut zu verlieren, darum soll es im Folgenden gehen.

Repression – was ist das eigentlich? Was macht sie mit uns und wie können wir uns dagegen wehren? Welche Erfahrungen haben wir bei Ende Gelände gemacht, welche Reaktionen und Strategien gibt es von Seiten der Polizei und anderer Behörden? Was bedeutet eigentlich Solidarität und welche Möglichkeiten dafür gibt es? Diesen Fragen wollen wir uns widmen.

Wir schreiben diesen Text aus der Perspektive des Legal Teams für Alle, das nicht zu Ende Gelände gehört und sich im Vorfeld der Anti-Kohle-Aktionstage 2017 im Rheinland zusammengeschlossen hat. Das Ziel war es, eine Antirepressionsstruktur zu bilden, die persönlich auf dem Camp, aber auch noch nach den Aktionen ansprechbar ist für alle Aktivist*innen der Aktionstage. Wir haben seitdem verschiedene Gruppen der Klimagerechtigkeitsbewegung, unter anderem Ende Gelände, in der Antirepressionsarbeit unterstützt. Wir sind eine unabhängige Gruppe, die hauptsächlich für Antirepressionsarbeit bei größeren Aktionen und Aktionstagen im Klimakontext ansprechbar ist, sich aber keiner einzelnen Gruppe zugehörig fühlt. Wir arbeiten mit anderen Antirepressionsgruppen zusammen. Für emotionale Erste Hilfe, also psychologische Betreuung nach Aktionen, verweisen wir Aktivist*innen zum Beispiel an die Gruppe Out of Action.[25]

Was ist Repression und warum gibt es sie?

Unter Repression verstehen wir Mechanismen, die Menschen, die sich politisch engagieren, einschüchtern, vereinzeln, traumatisieren, von zukünftigen Aktionen abhalten und ihnen Kapazitäten entziehen. Ein Beispiel für Repression sind Geld- oder Gefängnisstrafen für Aktivist*innen.

Repression trägt zur Aufrechterhaltung von → Herrschaftsverhältnissen, wie zum Beispiel Eigentumsverhältnissen, bei. Statt dass sich der Staat für Klimagerechtigkeit ausspricht und hinter Aktivist*innen stellt, die sich dafür einsetzen, verteidigt er – auch mit Gewalt – die Interessen von kapitalistischen Unternehmen, die die Klimakrise anheizen. Auch andere Herrschaftsverhältnisse wie → Klassismus oder → Rassismus werden mit Repression aufrechterhalten (siehe die Artikel zu *Klimagerechtigkeit*, *Kolonialismus* und *Kapitalismus*). Sichtbar wird das zum Beispiel an der Ersatzfreiheitsstrafe,[26] einer Haftstrafe, die Menschen absitzen müssen, wenn sie eine Geldstrafe nicht zahlen können, oder an rassistischen Polizeikontrollen und rassistischer Polizeigewalt.[27] Für uns als Aktivist*innen heißt das auch, dass wir je nach unserer Position in der Gesellschaft unterschiedlich von Repression betroffen sind.

Repression passiert auf vielen Ebenen und geht von verschiedenen Menschen und Institutionen aus. Sowohl Polizei und

Staatsanwaltschaft als auch Unternehmen wie RWE können Repression nutzen. Auch Arbeitgeber*innen oder das persönliche Umfeld können Teil davon sein, dass Repression wirkt, wenn beispielsweise Jobs gekündigt werden oder Betroffene selbst für die Repression, die sie erfahren, verantwortlich gemacht werden. Repression kann psychische, körperliche oder finanzielle Folgen haben. Sie besteht nicht nur in der Strafe, mit der ein Gerichtsprozess endet, sondern beinhaltet auch den Weg dahin. Ängste, Druck im persönlichen Umfeld und Alleingelassenwerden, Geldsorgen und vieles mehr können belastend sein. Auch körperliche und psychische Gewalt durch Übergriffe, Beleidigungen und diskriminierendes Verhalten der Polizei sind Teil von Repression. Eine Folge von Repression sind oft Ohnmachtsgefühle.

Weil es Repression gibt, braucht es Antirepressionsarbeit. Diese besteht für uns nicht nur darin, rechtliche Fragen zu beantworten, sondern auch darin, Betroffene auf allen Ebenen, auf denen Repression wirkt, so gut wie möglich zu unterstützen. Unser Ziel ist es, dass Menschen nicht alleingelassen werden und sich selbst und ihr politisches Umfeld ermächtigen können, mit Repression umzugehen. Selbstermächtigung entsteht zum großen Teil, wenn Menschen sich bewusster auf mögliche Folgen von politischem Aktivismus einlassen können. Das unterstützen wir, indem wir Wissen und Erfahrungen weitergeben. Um gegen Ohnmachtsgefühle anzugehen, ist Handlungsfähigkeit sehr wichtig. Unser Ziel ist es daher, Betroffenen eine Vielzahl von Handlungsmöglichkeiten gegen Repression aufzuzeigen, aus denen sie selbst wählen können. Wir wollen nicht zulassen, dass die Einschüchterung wirkt und dass unterschiedliche Erfahrungen, Privilegien und Voraussetzungen in unseren Reihen dazu führen, dass Menschen zurückbleiben und Herrschaftsverhältnisse aufrechterhalten werden. In der Praxis ist es eine permanente Herausforderung, nicht in die Rolle von Dienstleistenden zu fallen, nicht die Arbeit für andere zu übernehmen. Aber für uns ist Antirepressionsarbeit keine Dienstleistung, sondern politische, herrschaftskritische, kämpferische und auch emotionale Arbeit.

Ende-Gelände-Aktionen und Repression

Im Folgenden werden Repression und Polizeigewalt beschrieben. Wenn dir das gerade zu viel sein könnte, überspringe diesen Abschnitt.

Ende-Gelände-Aktivist*innen waren und sind von unterschiedlichen Formen von Repression betroffen. Mal von Hürden bei Camp- und Versammlungsanmeldungen, mal von körperlicher Gewalt, mal vom Zivil- oder Strafrecht, mal von Polizeikesseln oder Eingesperrtwerden. Dabei halten sich Behörden teils an rechtliche Vorgaben, setzen sich aber auch immer wieder darüber hinweg. Die Taktiken von Polizei, Politik, Staatsanwaltschaft und Kohlekonzernen waren unterschiedlich, so dass Aktivist*innen und Antirepressionsstrukturen sich immer wieder auf neue Dinge einstellen mussten. Trotz verschiedenster Versuche, Ende-Gelände-Aktivist*innen mittels Repression einzuschüchtern, haben viele Menschen mehrmals an Aktionen teilgenommen und neue Menschen sind dazugekommen. Natürlich wissen wir auch, dass Repression Menschen getroffen hat und unser Umgang bei Ende Gelände damit nicht alle aufgefangen hat. Wir denken aber, dass Behörden und Konzerne Ende Gelände und andere in der Klimagerechtigkeitsbewegung durch ihre Repression insgesamt nicht aufhalten konnten. Dass viele Aktivist*innen der Repression oft Widerständigkeit, Selbstermächtigung und Solidarität entgegensetzen konnten. Beispiele für den Umgang mit Repressionen und Interviews mit Aktivist*innen zu verschieden Strategien wurden in der Broschüre »Wir lassen uns nicht unterkriegen!« veröffentlicht.[28]

Ein paar Erfahrungen mit den staatlichen Repressionsorganen wollen wir hier erwähnen, können aber bei weitem kein umfassendes Bild aller Erfahrungen von Ende-Gelände-Aktivist*innen mit Repression geben.

Die Sanitäter*innen, die bei Ende-Gelände-Aktionen unterstützend vor Ort sind, haben meistens viel zu tun. Das liegt vor allem daran, dass Aktivist*innen immer wieder mit Gewalt konfrontiert sind, in Form von prügelnden, knüppelnden und Pfefferspray sprühenden Polizist*innen. Besonders im Gedächtnis ist uns geblieben, wie 2017 Polizist*innen mit Pferden in eine Gruppe von Aktivist*innen ritten und ein Polizist eine Aktivistin vor ein Pferd schubste und somit in Lebensgefahr brachte. Das war eine unglaublich gefährliche Situation, die einmal mehr gezeigt hat, wie unverantwortlich die Polizei oft agiert. Zum Glück ist es zu keinen schweren Verletzungen gekommen, und durch offensive Öffentlichkeitsarbeit gelang es Ende Gelände, diese Situation öffentlich zu skandalisieren.[29]

Auf rechtlicher Ebene wird immer wieder straf- und zivilrechtlich versucht, gegen einzelne Ende-Gelände-Aktivist*innen vorzugehen. Das Zivilrecht ermöglicht es auch Kohlekonzernen wie RWE oder LEAG, Druck auf Aktivist*innen auszuüben. Die Konzerne haben schon häufig und teilweise massenhaft versucht, Aktivist*innen mit sogenannten Unterlassungserklärungen einzuschüchtern.[30] Das Besondere daran ist das Risiko extrem hoher Kosten für Aktivist*innen, wenn sie sich dem Druck, eine Unterlassungserklärung zu unterschreiben, nicht beugen oder dagegen vorgehen wollen. Als Strategie gegen diese Form von Repression haben Ende-Gelände-Aktivist*innen vermehrt ihre Personalien verweigert (Teile der Debatte finden sich auch in den Artikeln *Staat: Ende Gelände mit dem Staat?* und *Nicht legal, aber legitim*).

Ob Aktivist*innen wegen der Teilnahme an Ende-Gelände-Aktionen erkennungsdienstlich behandelt (also Fotos gemacht und/oder Fingerabdrücke genommen) oder in Polizeigewahrsam genommen werden, scheint abhängig von den jeweiligen Polizeistrategien zu sein. So gab es Jahre, in denen keine oder nur einzelne Menschen in die Gefangenensammelstelle (»Gesa«) kamen, während in anderen Jahren Hunderte Menschen über Stunden hinweg in Gesas und Polizeibussen festgehalten wurden (z.B. 2017).[31] Aktivist*innen werden teilweise in Polizeiwachen in Gewahrsam gehalten; es gibt aber auch die Praxis, Aktivist*innen, die aus großen Polizeikesseln kommen, im Freien erkennungsdienstlich zu behandeln.

Verstärkt beobachten wir im Moment die Bemühungen des politischen Inlandsgeheimdiensts (sogenannter »Verfassungsschutz«[32]), den Protest von Ende Gelände für Klimagerechtigkeit zu delegitimieren und an den gesellschaftlichen Rand zu drängen. Anfang 2020 wurde zum Beispiel ein junger Ende-Gelände-Aktivist unter Druck gesetzt, um am sogenannten Aussteiger*innenprogramm für »Linksextremismus« des Inlandgeheimdienstes teilzunehmen, wogegen er sich jedoch wehrte.[33] Diesen Methoden des »Verfassungsschutzes«, die der Abschreckung dienen sollen, können wir zum Glück unsere Überzeugungen im Kampf für eine klimagerechte Welt und solidarische Strukturen entgegensetzen. Außerdem hilft die Solidarität derer, die für mehr Klimagerechtigkeit kämpfen, wie z. B. das Solidaritäts-Statement verschiedener Organisationen anlässlich der verschärften Beobachtung von Ende Gelände Berlin durch den Verfassungsschutz.[34]

Unsere Strategien im Umgang mit Repression

Oft wird →emanzipatorischer Protest vom Staat illegal gemacht, obwohl er legitim ist. Vieles, was für uns heute »normal« erscheint, ist das Ergebnis von Kämpfen, die sich gegen bestehende Regeln und Gesetze richteten. Heute werden Menschen verfolgt, die sich für Klimagerechtigkeit einsetzen, anstatt dass diejenigen zur Rechenschaft gezogen werden, die Profit aus der Klimakrise schlagen.

Eine zentrale kollektive Strategie gegen Repression und polizeiliche Willkür bei Ende Gelände war und ist die Personalienverweigerung.[35] Um sich vor rechtlichen Folgen, besonders dem teuren Zivilrecht, zu schützen, weigern sich viele Aktivist*innen bei Ende-Gelände-Aktionen, der Polizei ihre Personalien preiszugeben. Schon vor Ende Gelände haben Aktivist*innen weltweit diese Strategie genutzt, und es waren Aktivist*innen aus anderen Ländern, die sie in die deutsche Klimagerechtigkeitsbewegung getragen haben. In Deutschland ist sie durch die oft erfolgreiche und massenhafte Anwendung durch Ende Gelände deutlich sichtbarer und anerkannter geworden. Für viele Menschen hat diese Strategie funktioniert. Die Überforderung der Polizei führte dazu, dass viele Menschen ohne Angabe ihrer Personalien und ohne rechtliche Folgen aus Ende-Gelände-Aktionen kamen.

Dabei sehen wir aber auch Grenzen und Kontroversen bezüglich der Strategie der Personalienverweigerung.[36] Einerseits kann diese Strategie Menschen schützen, die sonst nicht an Aktionen teilnehmen könnten, weil sie einem stärkeren Repressionsrisiko ausgesetzt sind. Andererseits müssen sich jedoch gerade → BIPoC (Black, Indigenous, People of Colour), die in einer hauptsächlich → *weißen* Masse schneller sichtbar sind, häufig auf mehr Repressionen einstellen als andere, da die Polizei oft rassistisch handelt. Durch Personalienverweigerung bei Ende Gelände geschützt zu werden und keine rassistischen Polizeikontrollen und -gewalt befürchten zu müssen, ist also ein *weißes* Privileg.[37] Es gibt aber auch Erfahrungen, dass Menschen sich vor rassistischem Handeln der Polizei schützen konnten, weil *weiße* Menschen sich solidarisiert haben und durch die Personalienverweigerung Maßnahmen so lange verzögert haben, dass nicht alle kontrolliert werden konnten.

Weitere Gefahren bei einer Personalienverweigerung bestehen darin, dass das Risiko, in Polizeigewahrsam oder sogar in Untersuchungshaft zu kommen, steigt. Und wenn Menschen Jahre später erkannt werden, können viele Strafverfahren auf einmal drohen.

Wir finden es daher wichtig, nicht nur die Erfolge unserer Strategien zu feiern, sondern auch kritisch ihre Grenzen zu reflektieren und auch neue Strategien zu entwickeln. Außerdem ist es wichtig, dass Aktivist*innen in ihren Bezugsgruppen über das Thema Privilegien und individuelle Risiken sprechen, um gemeinsam Strategien gegen Repression zu entwickeln.[38]

Reaktionen von Seiten des Staates auf unsere Antirepressionsstrategien

Auf Seite des Staates sind aber auch immer wieder Entwicklungen zu beobachten, die die rechtliche Lage verschärfen und teilweise auch als Antwort auf erfolgreiche Antirepressionsstrategien verstanden werden können. So waren wir in den letzten fünf Jahren (Stand 07/2020) mit zwei Gesetzesänderungen konfrontiert, auf die Ende Gelände als Aktionsbündnis und wir als Antirepressionsgruppe reagieren mussten. Im Vorfeld des G20-

Gipfels in Hamburg im Juli 2017 wurde der Paragraph im Strafrecht, der Widerstand gegen Vollzugsbeamte unter Strafe stellt, mit dem neuen Tatbestand des »tätlichen Angriffs« verschärft. Dieser ermöglicht höhere Geld- und häufigere Haftstrafen. Er wurde inzwischen auch einige Male gegen Ende-Gelände-Aktivist*innen verwendet. Mit der Welle an neuen Polizeigesetzen in mehreren Bundesländern wurden 2018 in Nordrhein-Westfalen und 2020 in Sachsen die Zeiträume, für welche die Polizei Menschen in Gewahrsam nehmen kann, verlängert. Besonders die neue Möglichkeit eines Gewahrsams von bis zu sieben Tagen in Nordrhein-Westfalen kann auch als Reaktion auf die Personalienverweigerung durch Klima-Aktivist*innen gesehen werden.[39]

Insgesamt zeigen uns die Gesetzesverschärfungen, dass Gesetzgeber und Behörden den Protest sozialer Bewegungen für bedrohlich halten und darauf reagieren. Ein zentraler Teil von Antirepressionsarbeit ist es, Gesetzesänderungen und neue Repressions- und Strafverfolgungsmöglichkeiten der Behörden im Auge zu behalten. Als Bewegung müssen wir neue Antworten und Strategien auf solche Veränderungen finden und immer wieder kreativ sein. Gleichzeitig müssen wir aber auch aufpassen, nicht in Panik zu geraten und uns abschrecken zu lassen. Obwohl wir darauf vorbereitet waren, hat die Polizei in Nordrhein-Westfalen zum Beispiel die neue Regel, die Polizeigewahrsam von bis zu sieben Tagen ermöglicht, bei der Ende-Gelände-Massenaktion im Juni 2019 gar nicht angewendet. Auch bei Aktionen von anderen Klimagruppen wurde diese gesetzliche Möglichkeit meistens nicht ausgereizt. Wichtig ist für uns also, vorbereitet zu sein, uns aber nicht abschrecken zu lassen. Bei Ende Gelände hat das bislang immer wieder funktioniert, so dass jedes Jahr Tausende Menschen protestiert haben.

Was bedeutet eigentlich »Solidarität« konkret?

Unterstützung und Solidarität können unserer Erfahrung nach viel auffangen. Zu sehen, dass auch Menschen, die du gar nicht kennst, da sind, kann sehr stärkend sein. Ein Gesa-Aufenthalt fühlt sich weit weniger schlimm an, wenn nach der Entlassung

solidarische Menschen mit heißem Tee, warmem Essen und einer herzlichen Umarmung auf einen warten. Man fühlt sich weniger hilflos, wenn man den Ermittlungsausschuss anrufen kann und juristische Einschätzung zur eigenen Situation und Handlungsmöglichkeiten bekommen kann. Das Gefühl, nicht alleine zu sein und unterstützt zu werden, ist das Ergebnis von Solidarität. Für uns bedeutet Solidarität, nicht nur Menschen zu unterstützen, die wir kennen oder die Teil unserer Bezugsgruppe sind, sondern auch andere. Es gibt immer wieder Menschen, die nicht in Gruppen oder Organisationen eingebunden sind oder die kein persönliches Umfeld haben, das sie unterstützt. Solidarische Unterstützung ist also die Aufgabe der gesamten Bewegung.

In Hinblick auf Repression bei Ende Gelände haben unsere Erfahrungen gezeigt, dass wir besonders bei der Polizei mit Willkür rechnen müssen und nicht davon ausgehen können, dass alles nach dem Gesetz laufen wird. Nicht alle Betroffenen werden gleich behandelt. Auch Menschen, die in der gleichen

Ende-Gelände-Aktion waren, oder sogar im gleichen Finger, können ganz unterschiedliche Erfahrungen gemacht und auch ähnliche Erfahrungen unterschiedlich wahrgenommen haben. Eine Frage, die uns als Antirepressionsgruppe oft beschäftigt, ist, wie wir einen solidarischen Umgang mit diesen unterschiedlichen Erfahrungen und Bedürfnissen finden können. Konkret stellt sich dann z. B. die Frage, ob die Aktion im Camp schon gefeiert werden kann, wenn noch Menschen in der Gesa sind oder wie Repression der Presse gegenüber dargestellt wird.

Kurz diskutieren wollen wir die Situation, wenn die Mehrheit der Ende-Gelände-Aktivist*innen den Aktionsort verlassen möchte, ein kleinerer Teil sich jedoch entscheidet, dort zu bleiben. Dabei stehen meist unterschiedliche Bedürfnisse und politische Zielsetzungen im Raum. Es kann sein, dass manche Menschen schon sehr erschöpft sind oder keine Zeit mehr haben, während andere Menschen noch Kraft haben. Dazu kommen unterschiedliche Zielsetzungen von Aktivist*innen. Während Ende Gelände für die einen in erster Linie eine symbolische Aktion ist, bei der es um die Bilder und die Wahrnehmung in der Öffentlichkeit geht, möchten andere Aktivist*innen auch »effektiv blockieren«, also zum Beispiel erreichen, dass Kraftwerke als Folge von Blockaden heruntergefahren werden müssen. Wir finden es einerseits natürlich wichtig, dass Menschen nicht länger in der Aktion bleiben müssen, als sie können und wollen. Andererseits finden wir es auch legitim, wenn Menschen, die genauso Teil der Aktion sind, entscheiden, länger zu bleiben. Aus beiden Perspektiven wurde öfter der Vorwurf erhoben, die andere Gruppe verhalte sich unsolidarisch. Aber was würde Solidarität in dieser Situation konkret für uns bedeuten?

Wir finden es wichtig, unterschiedliche Zielsetzungen nicht gegeneinander auszuspielen. Ende Gelände sind viele und unterschiedliche Menschen, die auch mit verschiedener Motivation in der Aktion mitmachen. Solidarisch mit anderen Ende-Gelände-Aktivist*innen zu sein, bedeutet daher für uns nicht, eines der beiden Ziele als falsch zu delegitimieren, sondern die Vielfalt anzuerkennen und es zu ermöglichen, gemeinsam eine

Aktion zu gestalten. Ein wichtiger Teil bei Ende-Gelände-Aktionen sind diejenigen, die eine Aktion unterstützen, z. B. durch Essenkochen oder das Kümmern um ein Camp. Auch sie können irgendwann keine Energie oder Zeit mehr haben. Wir finden es wichtig, schon vor der Aktion darüber zu sprechen, wie lange solche Strukturen bereit sind, die Aktivist*innen zu unterstützen, und den Zeitrahmen transparent zu machen, so dass alle sich darauf vorbereiten können. Als Ermittlungsausschuss planen wir immer, so lange zu arbeiten, bis die letzte Person aus dem Polizeigewahrsam entlassen wurde. Das heißt, dass wir auch zwei Tage länger arbeiten würden, wenn eine kleinere Gruppe Aktivist*innen entscheidet, länger zu blockieren. Oft erfahren die Menschen, die am längsten bleiben, besonders harte Repression, weil zum Beispiel keine Presse mehr vor Ort ist.[40] Wichtig finden wir hier zu betonen, dass nicht die Aktivist*innen, die länger bleiben, verantwortlich für die Repression sind, sondern die Konzerne und Behörden, die gemeinsam gegen die Klimagerechtigkeitsbewegung vorgehen. Wenn einige weiter blockieren und andere schon gehen, bedeutet für uns Solidarität, trotzdem über die Situation informiert zu bleiben und zu überlegen, wie Aktivist*innen weiter unterstützt werden können und die Aktion wertgeschätzt werden kann. Das kann zum Beispiel ein Foto zum Ausdruck von Solidarität sein, eine kleine Demonstration vor Ort, ein Redebeitrag beim Abschlussplenum oder die Erwähnung in Pressemitteilungen und Interviews. Wenn die Presse-AG keine Kapazitäten mehr hat, Gruppen zu unterstützen, die noch länger bleiben, kann solidarische Unterstützung auch darin bestehen, Handys oder Pressekontakte weiterzugeben. Einiges davon hat in der Vergangenheit auch schon geklappt, insgesamt sehen wir aber noch Potenzial darin, unterschiedliche Ansätze innerhalb von Ende Gelände anzuerkennen und sich gegenseitig zu unterstützen. Wir wünschen uns allgemein einen wertschätzenden Blick auf verschiedene Aktionsformen in der Bewegung und gegenseitige Stärkung und Unterstützung, auch wenn wir einmal Meinungsverschiedenheiten haben oder nicht jede Aktionsform für jede*n von uns etwas ist.

Auch wenn wir uns bei der Durchführung unserer Aktionen manchmal uneinig sind, können wir daraus eine Stärke entwickeln, wenn wir deutlich machen, dass umfassende Solidarität wichtig ist, um auf die vielfältigen Arten von Repression zu reagieren. Sie hält uns zusammen und stärkt uns. Dazu gehört, dass die rechtliche Vor- und insbesondere Nachbereitung einer Aktion immer mitgedacht, dass niemand alleine gelassen und dass Repression in der Kommunikation nach außen und innen sichtbar gemacht wird. Eine starke Solidarität untereinander kann Betroffene und solidarische Menschen stärken und stellt eine wichtige Grundlage für langjährigen und nachhaltigen Aktivismus dar. Es trifft Einzelne, gemeint sind wir alle – gemeinsam gegen Repression. *In solidarity we stand* – wir stehen solidarisch zusammen!

Im Konsens entscheiden, feiern, voneinander lernen: unsere Gruppenkultur

Von Christiane und Johannes

Wenn über soziale Bewegungen, ihre Erfolge und Misserfolge und die Gründe dafür geschrieben wird, dann geht es oft um Strategien, Aktionsformen, politische Konstellationen und Ähnliches. Unsere Erfahrung bei Ende Gelände deutet darauf hin, dass etwas anderes mindestens ebenso wichtig dafür ist, wie und wie viele Leute in einer politischen Gruppe freiwillig aktiv sind und bleiben, ob neue Leute dazukommen und Verantwortung übernehmen und ob der politische Aktivismus in der Gruppe insgesamt als positiv und motivierend empfunden wird: nämlich die Art und Weise, wie miteinander gesprochen und entschieden wird, der gegenseitige Umgang und die Stimmung in der Gruppe. Diese Aspekte – und noch einige andere mehr – beschreiben wir in diesem Kapitel mit dem Begriff »Gruppenkultur«.

In ihrem Buch *Joyful Militancy* beschreiben die US-amerikanischen Aktivist*innen Nick Montgomery und carla bergman, dass viele linke Gruppen sehr kritisch, gar negativ oder aggressiv im Umgang miteinander sind.[41] Dies führt dazu, dass sich Aktivsein in linken politischen Gruppen nicht immer gut anfühlt. Ende Gelände schafft es hingegen – meistens –, dass ein vergleichsweise gutes Klima in der Gruppe herrscht. Es gibt ein geteiltes Verständnis darüber, dass es wichtig ist, dass alle Leute, die in einer Gruppe aktiv sind, in Entscheidungen einbezogen werden und diese mittragen. Ebenso gibt es ein, wenn auch ungeschriebenes, gemeinsames Verständnis darüber, dass im politischen Aktivismus Gefühle und der Umgang mit ihnen ebenso wichtig sind wie strategische oder theoretische Debatten, dass es wichtig ist, sich um das soziale Miteinander zu kümmern und eine Kultur des Einander-Vertrauens, der gegenseitigen Wertschätzung, des Voneinander-Lernens, der Fehlerfreundlichkeit und des konstruktiven Austragens von Konflikten zu pflegen.

Damit soll nicht gesagt werden, dass wir in dieser Hinsicht keine Fehler machen. Auch bei Ende Gelände gibt es Konflikte und informelle Hierarchien, Leute, die entnervt unser Netzwerk verlassen haben und andere, bei denen wir es nicht geschafft haben, die Hürden, die ihrem Aktivsein bei Ende Gelände entgegenstehen, abzubauen. Insgesamt ist Ende Gelände aber ein Netzwerk, in dem wir auch viele positive Erfahrungen machen; die meisten von uns freuen sich, ein Teil davon sein zu können.

Eine gute Gruppenkultur führt nicht nur dazu, dass Aktivist*innen bei Ende Gelände aktiv werden und bleiben wollen. Für viele von uns ist sie auch in politisch-ethischer Hinsicht alternativlos: Wie schon in anderen Kapiteln beschrieben, ist ein Teil dessen, was Ende Gelände macht, →präfigurative Politik: Wir versuchen die Gesellschaft, in der wir leben wollen, im Hier und Jetzt schon ein wenig vorwegzunehmen – und das muss sich unserer Meinung nach auch in unserem Umgang miteinander ausdrücken. Wir können in diesem Kapitel nicht alle Details beschreiben, deshalb beschränken wir uns auf einige für uns besonders wichtige Aspekte.

Vertrauen ist besser als Kontrolle

Lenin wird der Spruch »Vertrauen ist gut, Kontrolle ist besser« zugeschrieben.[42] Wir sind da anderer Meinung: Wir begegnen einander grundsätzlich mit Vertrauen und nicht dem Wunsch, einander intensiv zu kontrollieren. Das äußert sich unter anderem darin, dass die Arbeitsgemeinschaften (AGs) von Ende Gelände, die sich zum Beispiel um Presse-Arbeit, Aktionslogistik, Mobilisierung oder internationale Vernetzung kümmern, einen hohen Grad an Freiheit darin haben, wie sie ihre Arbeit gestalten. Wie und wie häufig eine AG miteinander kommuniziert und wie sie ihre Arbeit insgesamt organisiert, ist im Wesentlichen ihr selbst überlassen. Es gibt keine Kontrollinstanz für die Arbeit von AGs; das Bündnis verlässt sich darauf, dass AGs sich melden, wenn es Probleme gibt oder grundlegende Entscheidungen gemeinsam getroffen werden müssen. Auch neuen Menschen begegnen wir grundsätzlich mit viel Vertrauen.

Dabei ist uns klar, dass bei allem Grundzutrauen zu Menschen Vertrauen auch immer wieder hergestellt werden muss. Innerhalb von Ende Gelände erwächst Vertrauen zum einen aus unserer gemeinsamen politischen Organisierung. Wenn wir in stressigen und herausfordernden Momenten gemeinsam handeln und merken, dass wir uns aufeinander verlassen können, egal ob in der ersten Reihe einer Blockade oder in der Küche, schafft das Vertrauen. Zum anderen gibt es bei Ende Gelände auch immer wieder soziale Aktivitäten wie zum Beispiel Ortsgruppen, die gemeinsam ein Wohlfühl-Wochenende machen, Partys oder Treffen in Kneipen mit weniger politischen Diskussionen. All das sind soziale Räume, in denen wir uns besser kennenlernen können – und das schafft Vertrauen. Nicht zuletzt sind bei Ende Gelände auch viele Freund*innenschaften und die ein oder andere Liebesbeziehung entstanden.

Das Licht am Ende des Tunnels oder der Konsens am Ende vom Fisch

Wie Entscheidungen in Gruppen getroffen werden, ist für uns eine zentrale Frage. Gerade mit dem Anspruch präfigurativer Politik versuchen wir, unsere Entscheidungsprozesse so zu gestalten, dass sie unserem Anspruch gerecht werden, Minderheitenpositionen einzubeziehen, bestehende gesellschaftliche Machtstrukturen aufzubrechen, Verantwortung auf möglichst viele Schultern zu verteilen und möglichst vielen Menschen und Strukturen zu ermöglichen, gleichberechtigt bei Ende Gelände aktiv zu sein. Gleichzeitig müssen unsere Entscheidungsstrukturen auch – teilweise kurzfristige – politische Interventionen möglich machen.

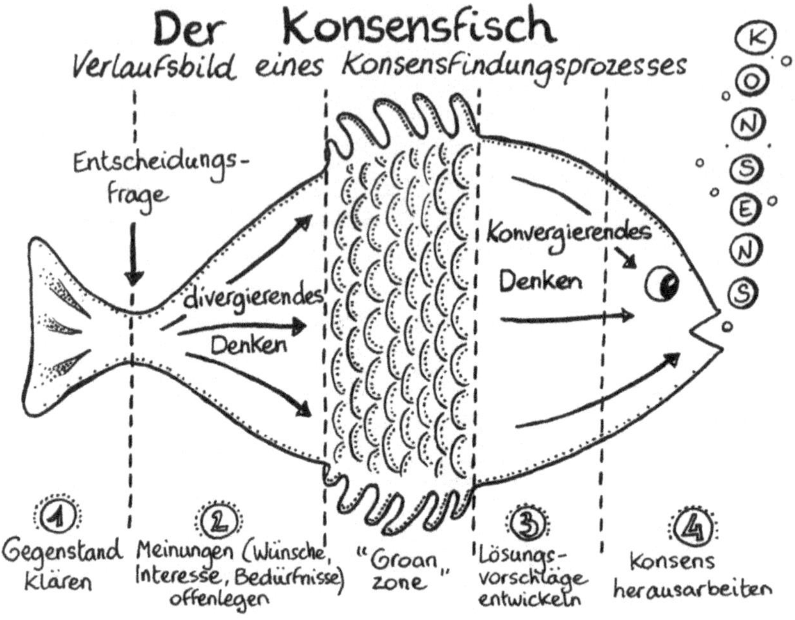

Bevor wir beschreiben, wie wir versuchen, mit unseren Entscheidungsstrukturen diesen verschiedenen Anforderungen gerecht zu werden, wollen wir zuerst einen Blick darauf werfen, wo bei Ende Gelände Entscheidungen getroffen werden. Die Arbeitsgruppen wie die Camp-, die Website- oder die Aktions-AG können in den sie betreffenden Bereichen alleine entscheiden. Gibt es Themen, die auch andere AGs betreffen oder grundsätzliche Fragen berühren, bringt die AG diese Themen selbstständig in das Bündnis ein. Übergreifende Themen werden bei Bündnistreffen und in der Koordinierungsplattform (KoPla) von Ende Gelände besprochen. Dabei ist das Bündnistreffen das höchste Entscheidungsgremium, das ca. alle zwei

Monate zusammenkommt. Es besteht aus allen Menschen, die kommen und sich Ende Gelände zugehörig fühlen. Das bedeutet: Jede*r kann vorbeikommen, mitdiskutieren und mitbestimmen, denn niemand ist formal Mitglied. Die KoPla ist der Ort, an dem Entscheidungen zwischen den Bündnistreffen getroffen werden. Hier kommen Delegierte aller AGs zusammen.

Generell trifft Ende Gelände alle Entscheidungen im Konsens und nicht durch Mehrheitsentscheide. Entscheiden im Konsens bedeutet, dass alle an der Entscheidung Beteiligten diese mittragen – wenn auch möglicherweise mit gewissen Bedenken. Das hat den Vorteil, dass alle sich mit der Entscheidung identifizieren. Zudem können sich alle mit ihren Bedenken in die Lösungsfindung einbringen. Wichtig ist, dass Entscheiden im Konsens die Art und Weise, wie Entscheidungen getroffen werden, grundlegend verändert: Von einem konfrontativen Ringen um Mehrheiten zu einer Suche nach einer gemeinsamen Lösung. In den meisten Fällen entscheiden wir in einem sechsstufigen Konsensverfahren.[43] In der Praxis gibt es bei Ende Gelände viele Wege, zu einem Konsens zu kommen. Die Diskussionen im Vorfeld der Entscheidung, vor und auf dem Bündnistreffen oder anderen Treffen sowie ihre methodische Gestaltung unterscheiden sich von Mal zu Mal. Oft beginnt der Prozess damit, dass eine (Arbeits-)Gruppe feststellt, dass es einer bündnisweiten Entscheidung bedarf, und anschließend eine E-Mail über den Verteiler schreibt, in der sie den Entscheidungsbedarf darlegt und die Moderationsgruppe bittet, das Thema auf die Tagesordnung z. B. des nächsten Bündnistreffens zu setzen. Anschließend wird das Thema über den E-Mail-Verteiler vordiskutiert und auch die direkt betroffenen AGs und Ortsgruppen setzen sich mit der Frage auseinander.

Bei der Entscheidungsfindung stellen die Personen, die sich mit der Frage beschäftigt haben, das Thema vor. Anschließend wird die Frage aus unterschiedlichen Perspektiven diskutiert – je nach Situation beispielsweise in Kleingruppen, im großen Plenum, oder in Phasen, in denen sich einzelne AGs besprechen. Wenn ein Thema strittig ist, wird häufig eine Kleingruppe gebildet, die aus Menschen mit unterschiedlichen Positionen besteht; diese erarbeitet in kleiner Runde einen Vorschlag, der alle Positionen mit einbezieht. Dieser Vorschlag wird dann in größerer Runde vorgestellt und es wird abgefragt, ob ein Konsens besteht. Ist dies nicht der Fall, wiederholen wir einen Teil des Prozesses. Das Modell von Entscheidungsverfahren, das viele von uns bei der Entscheidung im Hinterkopf haben, ist der Konsensfisch.[44] Wir haben zwar schon immer im Konsens entschieden – unsere Entscheidungsprozesse haben sich in den letzten Jahren aber stetig gewandelt. Wir reflektieren immer wieder, ob die Verfahren unseren Ansprüchen noch Rechnung tragen und was wir verändern müssen. Dabei spielen unter anderem veränderte Zusammensetzungen der Gruppe, die Gruppengröße oder neue Anforderungen an Entscheidungsprozesse

eine Rolle. So haben wir auf Bündnistreffen z. B. auch mit Konzepten des systemischen Konsensieren[45] gearbeitet oder Rätestrukturen[46] geschaffen, in denen Entscheidungsvorschläge hin und her gespielt wurden. Wie immer bei uns gilt auch bei unseren Entscheidungsstrukturen: Wir gehen gemeinsam fragend voran.[47]

Mit dem Buddy durch den Ende-Gelände-Dschungel

KoPla, GruPla, die Outreach-AG, die PolKos – wie die meisten Organisationen hat auch Ende Gelände eine Menge Abkürzungen entwickelt. Abkürzungen sind aber wahrscheinlich nicht einmal die größte Hürde, die neue Aktivist*innen überwinden müssen, wenn sie bei Ende Gelände aktiv werden wollen. Ende Gelände ist mit seinen mehr als 70 Ortsgruppen, seinen ca. zwei Dutzend AGs und kurzfristigen Kleingruppen, mit einer mehrjährigen Geschichte und zahlreichen Bündnispartner*innen keine »eben mal so« zu verstehende Struktur. In einem Plenum von fast 100 Leuten etwas zu sagen, kann ebensolchen Mut erfordern wie auf einer großen E-Mail-Liste eine Mail zu schreiben. Und in dem ganzen großen Ende-Gelände-Gefüge einen eigenen Platz zu finden, kann schwierig sein – vor allem, wenn man so etwas noch nie gemacht hat.

Als Ende Gelände wollen wir aber, dass neue Menschen bei uns aktiv werden. Das ist wichtig, weil immer wieder Menschen – aus ganz verschiedenen Gründen – nicht mehr oder zeitweilig weniger aktiv sind und es wichtig ist, das neue Menschen ihre Aufgaben übernehmen. Zudem wissen wir, dass neue Leute neue gute Ideen und Gedanken mitbringen. Und nicht zuletzt ist einer der Gedanken hinter Ende Gelände auch, dass politische Organisierung und die darin liegende Selbstermächtigung wichtig sind. Viele von uns haben bei Ende Gelände sehr viel gelernt – über Gruppenprozesse und aktivistische Arbeit und ganz allgemein darüber, wie man zusammen Politik machen kann. Ende Gelände ist ein Ort, an dem Menschen Organisierungs- und Radikalisierungserfahrungen machen können, die sie in andere Politikprozesse in der Klimagerechtigkeitsbewegung und darüber hinaus weitertragen können (siehe dazu auch den Artikel *Sich gegenseitig inspirieren: Ende Gelände goes Europe)*. Bei Ende Gelände aktiv zu sein, ist oft ein tolles Gefühl, das wir mit anderen teilen wollen. Und natürlich kann man zusammen politisch auch mehr erreichen.

Aus allen diesen Gründen ist Ende Gelände eine offene Struktur, die versucht, neue Menschen sehr aktiv zu integrieren. Zu unseren Plena und Treffen laden wir öffentlich ein und wir haben einige Ansätze entwickelt, um Hürden beim Einstieg abzubauen. Beispielsweise versuchen wir, neue Menschen mit einem »Buddy« zusammenzubringen – also einer schon etwas erfahrenen Person, die der neuen Person Dinge erklären kann. Wir machen Treffen speziell für Einsteiger*innen, ermutigen Leute bei unseren Treffen Fragen zu stellen, wenn sie etwas nicht verstehen, und machen viele Veranstaltungen, bei denen Wissen, Kompetenzen und Erfahrungen weitergegeben werden. Wir ermutigen neue Menschen gezielt, Aufgaben zu übernehmen, wenn nötig, im Tandem mit einer erfahreneren Person. Nach unserer Erfahrung werden Leute letztlich dann aktiv, wenn ihnen deutlich wird, dass sie gebraucht werden – für eine Aufgabe, die zu erledigen sie sich zutrauen.

Immer diese Gefühle

Politischer Aktivismus ist emotional. Erfolgs- und Gemeinschaftserlebnisse (z. B. gemeinsam auf einem Bagger zu sitzen) sind häufig mit positiven Gefühlen verbunden. Viele von uns kennen »dieses spezielle Ende-Gelände-Gefühl« in Aktionen. Eine Mischung aus Aufregung, Freude, Erleben der eigenen und gemeinsamen Wirkmächtigkeit. Gleichzeitig machen uns die herrschende Klimaungerechtigkeit, Kapitalismus, Unterdrückung und die unzureichenden gesellschaftlichen Reaktionen darauf auch traurig, wütend oder verzweifelt. Auch die Erfahrungen, die wir während unserer Aktionen machen, sind nicht immer nur positiv; wenn die Polizei beispielsweise mit Gewalt gegen uns vorgeht, kann das ein sehr belastendes Erlebnis sein. Und politisches Engagement kann auch anstrengend sein und birgt die Gefahr, sich selbst »im Dienste der Sache« zu überfordern.

Wir versuchen bei Ende Gelände, Raum für positive wie negative Gefühle zu schaffen. Gemeinsam Erreichtes zu feiern ist ein wichtiger Teil unserer Gruppenkultur. Beispielsweise gibt es direkt nach Aktionen häufig ein Plenum, bei dem wir gemeinsam Fotos und Filme von der Aktion sehen und Leute von ihren Erlebnissen erzählen – bei dem aber auch einfach viel geklatscht und gejubelt wird. Auch eine gute Party stärkt die Motivation, sich weiter zu engagieren.

Gleichzeitig versuchen wir auch, Räume zu schaffen, in denen belastende oder weniger schöne Gefühle ausgedrückt werden können. Dabei helfen uns auch andere Gruppen und politische Strukturen. Beispielsweise sind bei Aktionen häufig Menschen von der Gruppe Out of Action anwesend, die Aktivist*innen Gespräche anbieten, um belastende oder gar traumatisierende Erlebnisse während der Aktion besser verarbeiten zu können. Auf unseren Camps gibt es häufig ein Zelt, in das sich Menschen zurückziehen können, denen z. B. nach einer Aktion nicht der Sinn nach Feiern, sondern nach Ruhe steht. In Aktionstrainings vor der Aktion, die häufig von Trainer*innen des Netzwerks Skills for Action durchgeführt werden, wird auch über mögliche Emotionen in Aktionen gesprochen und Aktivist*innen werden ermutigt, sich dazu in ihren Bezugsgruppen auszutauschen und Aktionen auch emotional vor- und nachzubereiten.[48] Auch viele AGs sprechen vor unseren – durchaus auch stressigen – Aktionen darüber, wie einzelne Aktivist*innen zum Beispiel auf Stress reagieren und wie sie einander im Umgang damit unterstützen können. Wichtig ist in diesem Zusammenhang auch der Begriff des nachhaltigen Aktivismus, der in den letzten Jahren bei Ende Gelände häufiger zu hören ist. Die Idee von nachhaltigem Aktivismus ist, dass wir versuchen, Aktivismus so zu machen, dass Menschen sich nicht überfordern oder frustriert »ausbrennen« und dann aufhören, politisch aktiv zu sein. Für nachhaltigen Aktivismus ist es wichtig, die eigenen individuellen und kollektiven Grenzen zu respektieren, sich der eigenen Motivationen und Ziele gewiss zu sein und sich Zeit für schöne Dinge im Leben außerhalb von Aktivismus zu gönnen.[49] Wir versuchen deswegen beispielsweise, einander zu ermutigen, auch mal Pausen zu machen, wenn nötig, und Arbeit so zu verteilen, dass Einzelne sich nicht überfordern, oder wir bieten Workshops zu nachhaltigem Aktivismus an. Trotzdem kommt es immer wieder vor, dass Arbeit auf zu wenige Schultern verteilt ist und Einzelne über ihre Grenzen gehen.

Gleicher als andere? Vom Umgang mit Diskriminierung und Hierarchien

Bei Ende Gelände gehen wir davon aus, dass sich gesellschaftliche Machtstrukturen in unterschiedlicher Weise immer wieder auch in unseren eigenen Strukturen widerspiegeln; gleichzeitig ist es unser Anspruch, sie möglichst abzubauen. Das Konzept der → Intersektionalität hilft uns, entsprechende Machtstrukturen zu identifizieren. Es wurde seit den 1960er Jahren in Diskussionen des Schwarzen Feminismus entwickelt und das erste Mal 1989 von Kimberlé Crenshaw benannt. Intersektionalität versucht das Verhältnis unterschiedlicher Machtstrukturen und Diskriminierungserfahrungen zu beleuchten. So machen z. B. → Schwarze Frauen Diskriminierungserfahrungen, die weder → *weiße* Frauen noch Schwarze Männer machen. Die Wechselwirkungen von verschiedenen Formen gesellschaftlicher Unterdrückung in unseren Strukturen zu verstehen und zu bekämpfen ist ein zentraler Teil unserer politischen Arbeit. Der Kampf für eine klimagerechte Gesellschaft muss aus unserer Sicht verbunden sein mit einem Kampf gegen → Rassismus, Sexismus und andere Formen von Diskriminierung (siehe dazu auch die Artikel *Klimagerechtigkeit: »What do we want? Climate justice!«* und *Kapitalismus: »System change not climate change!«*). Zudem bedeutet das Aufbrechen bestehender Machtstrukturen mehr als einen Kampf gegen Nazis, CDU oder RWE, es muss sich auch auf unsere eigenen Strukturen beziehen. Durch die Reflexion unserer eigenen politischen Praxis können wir neue Handlungsweisen erlernen und Politik in einer Art und Weise machen, die für möglichst viele Menschen zugänglich ist. Diese Lernprozesse sind dabei genauso ein Schritt in Richtung einer anderen Gesellschaft, wie wenn wir in den Medien Aufmerksamkeit für die Blockade eines Kohlekraftwerks bekommen.

Dabei ist Ende Gelände als Teil der deutschen Klimagerechtigkeitsbewegung immer noch eine mehrheitlich *weiße*, akademisch geprägte Gruppe, in der Rassismus, Sexismus, → Klassismus und viele weitere Formen von Diskriminierung existieren. Wir versuchen diesen Machtstrukturen zu begegnen, indem wir uns weiterbilden, über die Auswirkungen von unterschiedlichen Machtdynamiken diskutieren und konkrete, individuelle und strukturelle Lösungen suchen. Das gelingt uns in Teilen ganz gut, in anderen kaum, weshalb wir auch kritisiert werden – und das völlig zu Recht. Unser verinnerlichter Rassismus, unsere oft akademische Sprache, Strukturen, die es Leuten mit Kindern schwer machen, sich zu beteiligen, oder fehlende Räume, in denen wir uns mit vielen Menschen treffen können und die gleichzeitig barrierearme Toiletten haben, sind solche Beispiele.

Die Auseinandersetzung mit gesellschaftlichen Machtstrukturen findet bei Ende Gelände z. B. bei den Bündnistreffen statt, bei denen wir zu diskriminierenden Strukturen bei Ende Gelände arbeiten. Viele Arbeitsgruppen haben → Awarenessarbeit in ihre Arbeitsstrukturen integriert und sprechen immer wieder darüber, wie sie im Rahmen ihres Aktivseins innerhalb von Ende Gelände Machtstrukturen aufbrechen können. So hat Ende Gelände bereits vor mehreren Jahren beschlossen, dass es keine *weißen* → cis-Männer als Pressesprecher gibt, um Personengruppen zu ermöglichen, als Sprecher*innen gehört zu werden, die sonst weniger häufig solche Positionen innehaben (siehe dazu auch den Artikel *Geschichten verändern, neue Stimmen stark machen: unsere Diskursintervention*). Ein weiteres Beispiel sind eigene Räume und Veranstaltungen für → BIPoC auf unseren Camps, die als Schutzräume für von Rassismus betroffene Menschen dienen. Seit einiger Zeit gibt es eine Antirassismus-AG bei Ende Gelände, die das Thema immer wieder ins Bündnis trägt. Unter anderem erstellt sie die Antirassistische Infomail, in der die Funktionsweisen von Rassismus bei Ende Gelände und in der Klimagerechtigkeitsbewegung sichtbar gemacht, erklärt und kritisiert werden.

Ein weiterer Aspekt sind unsere Aktionen. Jedes Jahr starten wir mit unterschiedlichen → Fingern in die Aktion, die manchmal auch unterschiedliche inhaltliche Schwerpunkte haben. Neben Klimaungerechtigkeit und Kapitalismus sind auch andere gesellschaftliche Machtstrukturen dabei ein zentraler Aspekt. So gab es in der Vergangenheit z. B. den → queerfeministischen Finger, → antikoloniale und antirassistische Finger oder den bunten Finger, der Aktionsformen wählt, die auch für Menschen zugänglich sind, die aus unterschiedlichen Gründen nicht in eine Kohlegrube klettern wollen oder können.

Solche thematischen Aktionsfinger haben für uns drei wichtige Funktionen. Erstens schaffen sie in ihrer Vorbereitung und Durchführung Räume, in denen an spezifischen Diskriminierungsformen und ihrer Überwindung gearbeitet wird. Zweitens tragen die Finger diese Themen durch ihre Transparente und Slogans in die Öffentlichkeit. Drittens wirken sie nach innen. So hat beispielsweise der bunte Finger zur Gründung einer → Inklusions-AG bei Ende Gelände geführt, die auch daran arbeitet, Teilhabehürden z. B. für Menschen mit Behinderung abzubauen. Der queerfeministische Finger hat eine Auseinandersetzung mit Sexismus, Homo- und → Transfeindlichkeit bzw. Queerfeindlichkeit innerhalb von Ende Gelände vorangebracht. Dabei haben wir die Erfahrung gemacht, dass Finger zu spezifischen Themen das Bewusstsein für die entsprechenden Themen verbessern können. Gleichzeitig sind Finger, die ausdrücklich eine bestimmte Form von Diskriminierung thematisieren, ein Zeichen dafür, dass unterdrückende Strukturen noch nicht überwunden sind. Langfristig arbeiten wir deshalb daran, dass unsere Strukturen und Aktionen inklusiv sind, also so gestaltet, dass möglichst viele Menschen mit unterschiedlichen Bedürfnissen sich beteiligen können. Ein Beispiel dafür ist der gelbe Finger, der sich aus dem bunten Finger entwickelt hat. Der gelbe Finger legt immer noch viel Wert auf den Abbau von Barrieren, aber er steht nicht mehr nur dafür. Auch andere Finger haben sich des Themas Inklusion inzwischen angenommen und versuchen, verschiedene Barrieren abzubauen.

Und klar, auch bei Ende Gelände gibt es (informelle) Hierarchien und Diskriminierung. Macker*innen, die viel reden, viel Wissen und gute Netzwerke haben, und Menschen, die sich nicht so stark beteiligen können oder den Weg zu unseren Treffen gar nicht erst schaffen, weil ihnen unterschiedliche Hürden im Weg stehen. Das versuchen wir zum Beispiel zu bearbeiten, indem wir Fahrtkosten für Menschen übernehmen, die sich sonst eine Teilnahme nicht leisten könnten. In Diskussionen, die oft cis-männlich dominiert sind, beginnen wir oft mit einem Teil, in dem nur → FLINTA*-Personen sprechen dürfen. Zudem moderieren wir oft so, dass die Menschen bevorzugt reden dürfen, die bisher noch nichts bzw. am wenigsten gesagt haben. Diese Beispiele gehören zu Methoden für die → emanzipatorische Gestaltung von Gruppenprozessen, die wir von anderen Gruppen lernen konnten und ständig weiter ausbauen.

Nur gemeinsam geht's voran

Ein Teil unserer Gruppenkultur ist auch, dass wir bestimmte Grundüberzeugungen teilen, innerhalb dieses Rahmens aber unterschiedliche Positionen und politische Ansätze akzeptieren (siehe z. B. den Artikel *Staat: Ende Gelände mit dem Staat?*). Wir erkennen an, dass es oft mehr als einen Weg zum Ziel gibt und wir den Weg auch nicht unbedingt besser kennen als andere. Sicher sind wir uns hingegen, dass wir grundlegende gesellschaftliche Veränderungen nur bewirken können, wenn wir mit anderen zusammenarbeiten. Ende Gelände hat deswegen eine aktive Bündnisarbeit und kooperiert mit verschiedenen Organisationen und Personen in unterschiedlicher Weise.

Sehr wichtig ist uns die Zusammenarbeit mit den Menschen, die in Kohleregionen wohnen. Die Einstellung zu Ende Gelände ist in diesen Regionen sehr geteilt. Beispielsweise sind Menschen, die bei den Kohleunternehmen arbeiten, uns gegenüber teilweise sehr kritisch bis feindlich eingestellt. Andere Menschen kritisieren hingegen die Kohleindustrie, weil sie durch die Umsiedlung von Dörfern ihre Heimat verlieren und sind deswegen Bündnispartner*innen von Ende Gelände. Als Ende Gelände haben wir in den letzten Jahren zu Gruppen wie beispielsweise *Alle Dörfer bleiben*, wo Menschen aus von den Tagebauen bedrohten Dörfern vernetzt sind, vertrauensvolle Beziehungen aufgebaut. Aktivist*innen von Ende Gelände beteiligen sich regelmäßig an Protestaktionen der lokalen Bevölkerung.

Schwierig gestaltet sich hingegen bis heute die Zusammenarbeit mit Gewerkschaften. Inzwischen gibt es zwar Veranstaltungen, bei denen Vertreter*innen von Ende Gelände mit Gewerkschaftsvertreter*innen reden, welche die in der Kohleindustrie Beschäftigten vertreten – die Positionen liegen jedoch weit auseinander (siehe dazu auch den Artikel *Kapitalismus: »System change not climate change!«*).

Wir verstehen uns bei Ende Gelände als Teil der internationalen Klimagerechtigkeitsbewegung, denn die Klimakrise macht an nationalen Grenzen nicht halt und der Umgang mit ihr ist eine Frage globaler Gerechtigkeit. Ein wichtiger Bestandteil der Bündnisarbeit von Ende Gelände ist deswegen die internationale Vernetzung, vor allem zu Gruppen in Europa (siehe auch den Artikel *Sich gegenseitig inspirieren: Ende Gelände goes Europe*). In der AG Internationales von Ende Gelände arbeiten Menschen aus unterschiedlichen Ländern an der Vernetzung mit Gruppen in anderen Ländern. Regelmäßig nehmen mehrere Hundert Menschen von dort an Ende-Gelände-Aktionen teil; gleichzeitig unterstützen wir Aktionen in anderen europäischen Ländern, indem wir dorthin mobilisieren oder Wissen, Fähigkeiten und Ressourcen mit den dortigen Gruppen teilen. Ende Gelände hat – so das Feedback, das wir erhalten – Menschen und Bewegungen in vielen Ländern inspiriert, die nun ganz ähnliche Aktions- und Entscheidungsformen pflegen. Weniger stark sind unsere Kontakte zu Gruppen außerhalb von Europa; hier stellen beispielsweise die räumliche Distanz oder unterschiedliche Sprachen ein Hindernis dar – aber es gibt auch Versuche der Zusammenarbeit mit Aktivist*innen aus anderen Kontinenten. So nahmen etwa Vertreter*innen der Pacific Climate Warriors aus verschiedenen vom Anstieg des Meeresspiegels bedrohten pazifischen Ländern an einer Ende-Gelände-Aktion teil.

Wichtig ist für uns aber auch, dass wir Teil der Klimagerechtigkeitsbewegung in Deutschland sind und uns bemühen, zu anderen Gruppen in dieser Bewegung ein solidarisches Verhältnis zu haben. Beispielsweise haben wir für unsere Aktion 2017 ein sogenanntes »Flächenkonzept« gewählt – verschiedene Gruppen haben mit unterschiedlichen Aktionsformen in einem bestimmten Zeitraum ihrer Forderung nach Klimagerechtigkeit Ausdruck verliehen und sich dabei aufeinander bezogen.

Während Ende Gelände sich bisher hauptsächlich auf das Thema Kohle konzentriert hat und sich nun auch dem Thema Erdgas widmet, sind andere Gruppen beispielsweise zu Verkehr oder Landwirtschaft aktiv. Wir unterstützen uns dabei gegenseitig. Auch zu Gruppen, die andere Aktionsformen oder politische Ansätze haben, wie z. B. Fridays for Future oder Extinction Rebellion, pflegen wir grundsätzlich ein solidarisches Verhältnis. Dazu gehört auch, teilweise kontrovers miteinander zu diskutieren – aber dabei gleichzeitig anzuerkennen, dass wir alle für Klimagerechtigkeit kämpfen.

Auch mit Nichtregierungsorganisationen wie z. B. Campact oder Greenpeace bestehen regelmäßige Kontakte. Dabei ist deutlich, dass sich die Handlungsformen und Entscheidungsstrukturen von Ende Gelände, einem horizontalen Netzwerk von freiwillig arbeitenden Aktivist*innen, die kapitalismuskritisch sind und eher auf Selbstermächtigung setzen als auf Forderungen an den Staat, sich deutlich von denen von → NGOs unterscheiden. Dort arbeiten Hauptamtliche, entwickeln Detailforderungen an »die Politik« und entscheiden oft genug in hierarchischer Form. Trotzdem gibt es auch hier teilweise gemeinsame Ziele und Möglichkeiten der Kooperation, aber auch Konflikte, wie im Artikel *Staat: Ende Gelände mit dem Staat?* ausführlicher beschrieben wird.

Gemeinsam besser werden

Wir haben bei Ende Gelände kein Organigramm. Hätten wir eines, müssten wir es öfter ändern, denn wir passen regelmäßig unsere Strukturen so an, wie es gerade am sinnvollsten scheint. Beispielsweise hatte Ende Gelände die ersten Jahre keine Prozess-AG. Irgendwann haben wir festgestellt, dass es wichtig ist, dass es bei Ende Gelände eine Gruppe von Menschen gibt, die sich um nichts anderes kümmert, als um unsere Prozesse und unser Gruppenklima. Deswegen haben wir – trotz mancher Bedenken – eine Prozess-AG geschaffen; heute ist sie ein fast nicht mehr wegzudenkender Bestandteil von Ende Gelände.

Wir lernen und ändern uns aber nicht nur in Bezug auf unsere Struktur: Nach jeder Aktion gibt es intensive Auswertungsprozesse. Wir geben uns gegenseitig Feedback – zu dem, was nicht so gut lief, aber auch zu dem, was gut lief. Dabei ist es unserer Erfahrung nach gut, Fehler und Konflikte klar zu benennen, aber gleichzeitig auch eine *nobody is perfect*-Haltung zu pflegen und einander zuzugestehen, dass Fehler eben auch passieren. Dazu gehört es für uns, dass wir Fehler von Einzelnen bei Bedarf als Gruppe auffangen und die Person damit nicht alleine lassen. Manchmal machen wir dieselben Fehler mehrmals; häufiger machen wir neue.

Gleichzeitig versuchen wir negative Dynamiken in der Kommunikation zu vermeiden; im Zweifel ist im Konfliktfall ein persönliches Gespräch besser als ein eskalierender Mailwechsel auf einem E-Mail-Verteiler, die Entwicklung eines Handlungsvorschlags in einer Kleingruppe einfacher als eine stundenlange Diskussion zu einem kontroversen Thema im Plenum.

Unsere Erfahrungen verschriftlichen wir z. B. in Protokollen oder *How-To*-Anleitungen (oder diesem Buch); sie stehen somit auch Leuten zur Verfügung, die nicht unmittelbar an einem Prozess oder einer Aktion beteiligt waren.

Und bei alldem ist klar: Lob und Wertschätzung füreinander dürfen nicht fehlen. Ob beim Abschlussplenum einer Aktion lange für die Küchencrew geklatscht wird, eine Arbeitsgruppe einen Strauß mit selbst gepflückten Blumen überreicht bekommt oder Leute einander im Plenum oder per E-Mail ihren Dank und ihre Wertschätzung aussprechen: Es gibt viele Arten und Weisen, einander positives Feedback zu geben, und bei Ende Gelände tun wir das häufig – und meinen es auch ehrlich.

WIE WIR DIE WELT SEHEN

Klimagerechtigkeit: »What do we want? Climate justice!«

Von Christiane

Der Slogan »What do we want? Climate justice! When do we want it? Now!«[50] ist bei Aktionen der internationalen Klimagerechtigkeitsbewegung und auch bei unseren Aktionen überall präsent. Klimagerechtigkeit gibt der Bewegung, als deren Teil wir uns bei Ende Gelände verstehen, ihren Namen und ist für uns ein zentraler Begriff. Auch wenn wir keine ganz genaue schriftliche Definition von Klimagerechtigkeit haben, sind die Eckpfeiler klar. Klar ist, dass Klimagerechtigkeit eine globale Dimension hat: Von der Klimakrise sind Menschen im →Globalen Süden stärker betroffen als im →Globalen Norden,[51] Reiche können sich besser gegen die Folgen des Klimawandels schützen als Arme. Klar ist auch, dass sich in dem Begriff der Klima*gerechtigkeit* ökologische und soziale Fragen verbinden – es geht also darum, mit dem Klimawandel auch in sozial gerechter Art und Weise umzugehen. Aus unserer Perspektive ist das nicht möglich, ohne auch den Kapitalismus zu kritisieren: Im Kapitalismus ist die Maximierung von Gewinnen zentral und dafür müssen Menschen und Natur ausgebeutet werden, vor allem im Globalen Süden – das verursacht die Klimakrise und andere ökologische Krisen (siehe auch den Artikel *Kapitalismus: »System change not climate change!«* und *Kolonialismus: »No justice in a racist climate!«*). Klimagerechtigkeit ist damit ein sehr politischer Begriff.

Die eigene Geschichte kennen

Mit der Verwendung des Begriffs der Klimagerechtigkeit knüpfen wir an eine bestimmte Begriffsgeschichte an. Lange bevor die Klimakrise ein wissenschaftliches und politisches Thema wurde, standen andere ökologische Fragen wie beispielsweise Luft- und Wasserverschmutzung auf der Tagesordnung. Vor allem in den USA nutzten Umwelt-Aktivist*innen – ganz überwiegend → *Black, Indigenous and People of Colour* (BIPoC) – in diesem Zusammenhang den Begriff *»environmental justice«* oder Umweltgerechtigkeit. Damit machten sie darauf aufmerksam, dass nicht alle Menschen in gleichem Maße von Umweltzerstörung betroffen oder an ihrer Verursachung beteiligt sind. Beispielsweise sind besonders verschmutzende Industriebetriebe oder Mülldeponien, die Schadstoffe in die Luft abgeben oder stinken, in den USA weit überdurchschnittlich häufig in der Nähe von Wohngegenden angesiedelt, in denen mehrheitlich BIPoC wohnen. Gleichzeitig sind BIPoC in den USA aufgrund von Diskriminierung ärmer als der Bevölkerungsdurchschnitt, sie profitieren also weniger von dem Wirtschaftssystem, das die Umweltzerstörung verursacht. Ökologische Fragen sind also mit gesellschaftlichen Machtstrukturen, Diskriminierung und – allgemein gesprochen – sozialen Fragen verknüpft. Das transportiert der Begriff Umweltgerechtigkeit. »Klimagerechtigkeit« steht in dieser Tradition. Sich darauf zu beziehen und sich als Teil der Klimagerechtigkeitsbewegung zu bezeichnen, beinhaltet damit eine bestimmte Position zum Umgang mit der Klimakrise. So schlossen sich im Vorfeld des Klimagipfels in Kopenhagen 2009 verschiedene Gruppen zum Netzwerk Climate Justice Action (CJA) zusammen. Bei CJA kamen Gruppen zusammen, die sich sowohl inhaltlich als auch von ihren Aktionsformen her von anderen Netzwerken abgrenzten – wie z.B. dem hauptsächlich von Nichtregierungsorganisationen

(→NGOs) getragenen Climate Action Network (CAN) (siehe zu CJA auch den Artikel *Wo wir herkommen: die Geschichte von Ende Gelände*).

Klimagerechtigkeit statt Klimaschutz

Damit wurde deutlich, dass Klimagerechtigkeit nicht dasselbe meint wie Klimaschutz. Während Klimaschutz sich in erster Linie auf die ökologischen Auswirkungen der Klimakrise bezieht, weist Klimagerechtigkeit darauf hin, dass ökologische und soziale Fragen miteinander verknüpft sind und sich die Klimakrise nicht ohne weitgehende Veränderungen des kapitalistischen Gesellschaftssystems lösen oder zumindest begrenzen lässt. Gleichzeitig ist damit auch gesagt, dass die Klimakrise und der Umgang mit ihr mit verschiedenen →Herrschaftsverhältnissen verwoben sind – global, aber auch innerhalb einzelner Länder. Die Klimakrise muss – mit anderen Worten – →intersektional verstanden werden.

So gehen wir bei Ende Gelände davon aus, dass die Klimakrise mit Geschlechterverhältnissen in bestimmter Weise verbunden ist; z. B. sind Frauen teilweise in anderer Weise von ihr betroffen als Männer. Und die kapitalistische Wirtschaftsweise ist ebenso von unbezahlter Reproduktionsarbeit, die vorwiegend von Frauen geleistet wird, abhängig wie von der Ausbeutung von Natur. Bei Ende Gelände thematisieren wir das beispielsweise, indem es bei einigen unserer Aktionen einen queeren Finger gab, der Slogans wie »Gegen Bagger und Sexisten« auf Bannern trug.

Ein weiteres Element von Klimagerechtigkeit ist eine globale Perspektive. Wie oben beschrieben sind Menschen im Globalen Süden von den Folgen der Klimakrise häufig deutlich stärker betroffen als Menschen im Globalen Norden. Die Klimakrise wird durch die Verbrennung fossiler Ressourcen erzeugt, die Grundlage ist für den wirtschaftlichen Wohlstand, der in erster Linie den ohnehin schon reicheren Ländern zu Gute kommt. Das ist eine →neokoloniale Struktur: Menschen im Globalen Süden zahlen den Preis für das wirtschaftliche Wohlergehen der Länder im Globalen Norden.

Eine der wesentlichen Quellen von Treibhausgasemissionen in Deutschland – nämlich die Verwendung von Braunkohle – zu bekämpfen, ist damit für uns auch eine Frage globaler Solidarität. Die Klimakrise dort anzugehen, wo sie erzeugt wird, betrachten wir auch als unsere Verantwortung, die wir in den Ländern leben, die von der Ausbeutung, die der Klimakrise zu Grunde liegt, profitieren. Auf unseren Transparenten ist beispielsweise zu lesen *»Frack off – Fight neoCO_2lonialism«* oder *»DeCoalonise«*[52]. Oder wir stellen bei Pressearbeit die Zerstörung von Dörfern im Rheinland zugunsten von Braunkohletagebauen in Zusammenhang mit der Zerstörung von Dörfern im Globalen Süden zum Abbau von Steinkohle, die nach Deutschland exportiert wird. Im November 2017 kamen Vertreter*innen der Pacific Climate Warriors aus verschiedenen vom Anstieg des Meeresspiegels bedrohten pazifischen Ländern, die unter dem Motto *»We are fighting, not drowning«*[53] gegen die Folgen der Klimakrise kämpfen. In Solidarität mit Ende Gelände hielten sie am Rande der Grube eine Zeremonie ab und machten damit den Zusammenhang zwischen der Verursachung der Klimakrise hier und den Folgen für die pazifischen Inseln greifbar. Auch die Kritik an der Abschottung Europas für Migrant*innen aus dem Globalen Süden und allgemein die Forderung nach globaler Bewegungsfreiheit sind Teil unseres Verständnisses von Klimagerechtigkeit – wenn der Globale Norden die Länder des Globalen Südens zerstört, müssen Menschen aus den betroffenen Ländern woanders leben können.

Dabei ist uns auch wichtig, als einen Aspekt von Klimagerechtigkeit die historische Dimension der Klimakrise hervorzuheben: Treibhausgase werden nicht nur aktuell weit überdurchschnittlich in einer kleinen Gruppe von relativ wohlhabenden Ländern emittiert, sondern vor allem ist auch der historische Beitrag verschiedener Weltregionen zur Verursachung des Klimawandels sehr unterschiedlich.

Eng im Zusammenhang mit der globalen Dimension der Klimakrise steht auch ihre Verwobenheit mit rassistischen Strukturen. Die globale Ungleichheit kann nur durch → Rassismus legitimiert und aufrechterhalten werden, denn im Globalen Süden leben verhältnismäßig mehr BIPoC, im Globalen Norden mehr → *weiße* Menschen. Rassistische Strukturen führen dazu, dass auch in den Ländern des Globalen Nordens BIPoC häufig ärmer sind und daher z. B. bei durch die Klimakrise verursachten extremen Wetterereignissen wie Hurrikanen oder Überschwemmungen weniger Ressourcen haben, ihre Häuser zu sichern, umzuziehen oder die entstandenen Schäden zu reparieren. Gleichzeitig sind BIPoC in den Ländern des Globalen Nordens in politischen Institutionen oder Wirtschaftsunternehmen tendenziell unterrepräsentiert, haben also durchschnittlich weniger Einfluss auf Entscheidungen zum Umgang mit der Klimakrise als *weiße* Menschen. Schon lange kämpfen Menschen und Gemeinschaften vor allem im Globalen Süden, die von Naturausbeutung und den Folgen der Klimakrise bedroht sind, an erster Front gegen Zerstörung und Ausbeutung. Doch ihre Stimmen werden aufgrund von Rassismus in der Öffentlichkeit häufig weniger gehört. Ihre Kämpfe haben jedoch auch die Anfänge der Klimagerechtigkeitsbewegung inspiriert – so z. B. das Bündnis Climate Justice Now!, das sich im Zuge der Klimakonferenz in Bali 2007 gründete. Climate Justice Now! wollte gegenüber den NGOs, die auch marktbasierte und technologieorientierte Ansätze, mit der Klimakrise umzugehen (wie z. B. den Emissionshandel), mittrugen, ausdrücklich eine Klimagerechtigkeitsperspektive stark machen.

Klimagerechtigkeit beinhaltet für uns auch, antifaschistische Kämpfe zu unterstützen. Rechte und faschistische Gruppen arbeiten nämlich den Zielen entgegen, die wir mit Klimagerechtigkeit verbinden. Beispielsweise sind sie gegen die Aufnahme von Geflüchteten – wir hingegen sind wie beschrieben der Meinung, dass Menschen, die wegen der von den Ländern des Globalen Nordens verursachten Klimakrise ihre Wohnorte verlassen müssen, in den Ländern des Globalen Nordens leben können müssen. Ende Gelände war daher auch an Blockaden von Nazi-Aufmärschen in Berlin 2018 und Erfurt 2019 beteiligt.

Auch Klassenverhältnisse sind im Kontext von Klimagerechtigkeit für Ende Gelände ein Thema – auch wenn wir das Wort

»Klasse« selten benutzen. Die Verursachung von CO_2-Emissionen ist unmittelbar abhängig von Einkommen und Vermögen von Menschen: Wer mehr Geld hat, ist häufig in stärkerem Maße für die Klimakrise verantwortlich, und andersherum – und wer ärmer ist, hat zudem weniger Möglichkeiten, sich gegen die Folgen der Klimakrise zu schützen. Der größte Teil der CO_2-Emissionen geht auf wenige fossile Konzerne des Globalen Nordens zurück.

Für uns relevant sind Klassenverhältnisse aber auch im Verhältnis zu den Beschäftigten in der Kohleindustrie; deren Position zum Thema Kohleausstieg unterscheidet sich in der Regel deutlich von unserer. Wir versuchen immer wieder deutlich zu machen, dass unsere Aktionen sich nicht gegen die Beschäftigten in der Kohleindustrie richten und wir einen auch sozial gerechten Kohleausstieg fordern, der die Interessen der in der Kohleindustrie Beschäftigten angemessen berücksichtigt. Deswegen suchen wir auch das Gespräch mit Beschäftigten und den entsprechenden Gewerkschaften. Trotzdem ist es bisher nur in begrenztem Maße zu einer Annäherung gekommen; während unserer Aktionen gibt es oft gegenläufige Aktionen von Beschäftigten der Kohleindustrie und ihren Unterstützer*innen.

Klimagerechtigkeit ist also ein umfassendes Konzept. Bei Ende Gelände haben wir bisher in erster Linie versucht, es am Beispiel von Braunkohleförderung in Deutschland konkret und greifbar zu machen. Bei unserer letzten Aktion haben wir zudem Gas-Infrastruktur blockiert und sind zunehmend auch an Aktionen beteiligt, die sich gegen das derzeitige auf Autos ausgerichtete Verkehrsmodell richten. Die Klimagerechtigkeitsbewegung insgesamt ist aber viel breiter. Zu ihr gehören beispielsweise in Deutschland Gruppen, die sich gegen die industrialisierte Landwirtschaft oder den Flugverkehr engagieren und ähnliche Aktionsformen wie Ende Gelände verwenden. International ist die Bewegung noch viel breiter. Zu Klimagerechtigkeit gehört dabei auch die Ablehnung von technischen oder marktbasierten »Lösungen« der Klimakrise wie z. B. Emissionshandel. Das Gleiche gilt für die Kritik an militärischen Institutionen, die das gegenwärtige kapitalistische Modell absichern. Auch wenn all dies bei Ende Gelände bisher nicht im Vordergrund steht, beziehen wir uns solidarisch auf Gruppen, die solche Positionen vertreten und unterstützen sie immer wieder.

Klimagerechtigkeit als positive Vision?

Hinter dem Begriff der Klimagerechtigkeit steht die Annahme, dass gesellschaftliche Verhältnisse grundlegend veränderbar sind. Gleichzeitig haben wir bei Ende Gelände nur ein sehr grobes gemeinsames Verständnis davon, wie eine klimagerechte Welt konkret aussehen könnte. Klar ist beispielsweise, dass wir eine nicht-fossile dezentrale Energieversorgung unter Kontrolle derjenigen, die die Energie benötigen, richtig finden. Wir haben keinen fertigen Plan dafür, wie ein globales nicht-kapitalistisches Wirtschaftssystem aussehen kann, welches das Klima nicht zerstört, bzw. wie unsere Forderung nach »*System change, not climate change – Systemwandel, nicht Klimawandel*« umgesetzt werden kann. Teilweise empfinden wir das als Leerstelle, teilweise wollen wir gemäß dem Motto der →Zapatistas »fragend voranschreiten«. Wir versuchen Elemente davon, wie wir uns eine klimagerechte Welt vorstellen, in der Art und Weise, wie wir uns organisieren, vorwegzunehmen und damit zu experimentieren, z. B. wenn wir →basisdemokratisch entscheiden (siehe auch den Artikel *Im Konsens entscheiden, feiern, voneinander lernen: unsere Gruppenkultur*). Menschen, die bei Ende Gelände aktiv sind, haben auch zu Initiativen beigetragen, die konkretere Zwischenschritte und Forderungen für eine klimagerechte Gestaltung der Gesellschaft entwickelt haben, beispielsweise dem »Klimaplan von unten«[54] oder dem »Sofortprogramm Klimagerechtigkeit«[55].

Klimagerechtigkeit ist Handarbeit!

Gleichzeitig ist Ende Gelände gerade nicht angetreten, um detaillierte politische Forderungen an politische Entscheidungsträger*innen zu richten – sondern um die großen gesellschaftlichen Fragen aufzuwerfen (siehe dazu auch den Artikel *Staat: Ende Gelände mit dem Staat?*). Mit dem Begriff der Klimagerechtigkeit sind nämlich nicht nur bestimmte inhaltliche Positionen verbunden, sondern auch ein bestimmtes Verständnis von gesellschaftlichen Veränderungsprozessen. Beispielhaft dafür ist ein Papier von CJA von 2010: »Mehr und mehr Menschen kommen jetzt zu dem Schluss, dass soziale Bewegungen und nicht Regierungen die Macht haben, die notwendigen Veränderungen zu erreichen, um die Klimakrise zu lösen. [...] Klimagerechtigkeit bedeutet, alle Kämpfe zusammenzuführen, die →neoliberale Märkte ablehnen und für eine Welt zu arbeiten, die lokalen gesellschaftlichen Strukturen autonome Entscheidungsmacht gibt.«[56] Damit verbunden war auch eine Absage an bestimmte Formen von politischem Aktivismus – zum Beispiel solchen, die hauptsächlich darauf setzten, bestimmte politische Forderungen an Regierungen zu richten. Das entspricht bis heute unserem Verständnis bei Ende Gelände und ist auch einer der Gründe, warum ziviler Ungehorsam unsere zentrale Aktionsform ist (siehe dazu auch die Artikel *Staat: Ende Gelände mit dem Staat?* und *Nicht legal, aber legitim: unser ziviler Ungehorsam).*

Kapitalismus: »System change not climate change!«

Von Maximilian

Ende Gelände war von Beginn an ein Bündnis, dem es um mehr als den sofortigen Kohleausstieg ging. Verbunden mit unserer Forderung nach dem Ende der Kohlenutzung war immer auch die Forderung nach der Überwindung eines Systems, das weltweit Ungleichheit und Zerstörung hervorruft und der Haupttreiber der Klimakrise ist: des Kapitalismus. Für uns ist klar: Ein auf Profite und Wachstum ausgerichtetes System wird auf einem begrenzten Planeten immer Zerstörung und Ausbeutung zur Folge haben. Folglich kann es in einer kapitalistischen

Gesellschaft keine Klimagerechtigkeit geben. Daher ist neben dem Kampf für eine klimagerechte Gesellschaft der Kampf für einen Systemwandel erforderlich. Bereits im Aktionsaufruf zur Ende-Gelände-Massenaktion 2016 wird deutlich, dass wir eine solche grundlegende Gesellschaftsveränderung wollen: »Wir wollen das Ganze: das Ende des fossilen Kapitalismus! Wir kämpfen nicht nur gegen Kohle, gegen → Fracking, gegen Öl, sondern stellen Profitlogik und Wachstumswahn grundsätzlich in Frage. Diese befördern falsche Lösungen wie Marktmechanismen, Großprojekte und die fortgesetzte Ausbeutung des → Globalen Südens.«[57]

Über den Kapitalismus und mögliche Wege, ihn zu überwinden, wird geschrieben, seit es ihn gibt. Im vorliegenden Beitrag stellen wir unsere Sichtweise als Autor*innen auf das System Kapitalismus vor und stellen Bezüge zur Praxis von Ende Gelände her. Dabei geht es nicht darum, eine umfassende Kritik der kapitalistischen Ökonomie aufzuschreiben oder die Geschichte des Kapitalismus nachzuzeichnen – all dies wurde bereits vielfach getan.

Das zerstörerische Wachstum des Kapitalismus

Der klassischen Theorie von Karl Marx nach ist der Kapitalismus ein System der ständigen Anhäufung von Kapital. Diese Anhäufung wird auch als Akkumulation bezeichnet. Grundlegend funktioniert der kapitalistische Kreislauf dabei so: Vorhandenes Geld wird beispielsweise in Maschinen, Rohstoffe oder die Ware Arbeit investiert. Durch den Produktionsprozess entsteht eine Ware, die einen höheren Wert als die ursprünglich zur Produktion verwendeten Waren hat. Dieser höhere Wert wird auch als Mehrwert bezeichnet. Der Mehrwert der hergestellten Ware ist das Resultat der Arbeit, die in ihre Herstellung geflossen ist. Durch Verkauf der Waren kann der Mehrwert realisiert werden.

Allerdings kommt der Mehrwert nicht jenen zugute, die ihn erarbeitet haben – den Arbeiter*innen –, sondern denjenigen, die die Produktionsmittel für die Produktion eingesetzt haben – den Kapitalist*innen. Die Arbeiter*innen erhalten hingegen nur so viel, dass sie ihre Arbeitsfähigkeit wiederherstellen können. Die Arbeiter*innen schaffen also mehr Wert, als sie als Arbeitslohn erhalten; der Unterschied verbleibt bei den Kapitalist*innen. Diese ungleiche Verteilung der Früchte der Produktion ist ein grundlegendes Merkmal des Kapitalismus; Marx bezeichnet sie als Ausbeutung.

Darüber hinaus ist eine grundlegende Eigenschaft des Kapitalismus, dass der beschriebene Prozess, aus Geld mehr Geld zu machen, nicht abgeschlossen ist, sondern andauert. Aus der Konkurrenzsituation der Kapitalist*innen untereinander entsteht der Druck, das eingesetzte Kapital immer weiter vermehren zu müssen. Nicht die Erfüllung von menschlichen Bedürfnissen, sondern die Anhäufung von Kapital ist also der Zweck der kapitalistischen Produktion. Dieser Zwang zur Anhäufung und Verwertung von Kapital hat zur Folge, dass der Kapitalismus einer ständigen Wachstumsdynamik unterliegt, durch die die natürlichen Lebensgrundlagen unseres Planeten zerstört werden.[58]

Der Kapitalismus als Gesellschaftsordnung

Der Kapitalismus beruht auf verschiedenen und miteinander zusammenhängenden Herrschafts- und Unterdrückungsverhältnissen. Das Klassenverhältnis zwischen Arbeiter*innen und Kapitalist*innen (1), Geschlechterverhältnisse (2), gesellschaftliche Naturverhältnisse (3) und rassistische → Herrschaftsverhältnisse (4) lassen sich als unmittelbare Folgen, aber auch Bedingungen des Kapitalismus verstehen. In diesem Text konzentrieren wir uns hier der Einfachheit halber auf diese vier Aspekte, auch wenn es noch weitere (zum Beispiel → Ableismus) gibt[59]. Für uns ist Kapitalismus nicht nur eine Wirtschaftsordnung, sondern eine Gesellschaftsordnung. Er strukturiert unser Leben, er bestimmt unsere Beziehungen zu anderen Menschen und zur Natur. Eine derartig umfassende Sicht auf den Kapitalismus hat Auswirkungen auf die politische Praxis von Ende Gelände.

Ökonomische Herrschaftsverhältnisse

Die Beziehungen zwischen Kapitalist*innen und Arbeiter*innen sind – wie oben beschrieben – im Kapitalismus dadurch charakterisiert, dass sich Kapitalist*innen menschliche Arbeitskraft unterhalb ihres Wertes aneignen. Die Arbeiter*innen werden nur soweit entlohnt werden, wie es zur Wiederherstellung ihrer Arbeitsfähigkeit nötig ist. Die Kapitalist*innen erhalten dagegen aufgrund ihres Kapitaleinsatzes den gesamten Mehrwert und damit das größte Stück vom Kuchen. Dieses Verhältnis ist dem Kapitalismus als Klassenverhältnis eingeschrieben: Damit das System funktionieren kann, braucht es sowohl die Arbeiter*innen, die wenig Eigentum haben, als auch die Kapitalist*in-

nen, die das Eigentum an Geld und Produktionsmitteln besitzen. Ziel antikapitalistischer Arbeit muss also die Auflösung der Klassenverhältnisse sowie die Änderung der Eigentumsverhältnisse sein.

Bei Ende Gelände fordern wir beispielsweise immer wieder eine Vergesellschaftung und Demokratisierung des Energiesektors. Wir haben immer wieder betont, dass unsere Forderung nach dem sofortigen Kohleausstieg nicht auf Kosten der Arbeiter*innen in der Kohleindustrie gehen darf. Wir haben uns über Jahre hinweg bemüht, eine solidarische Beziehung zu den Kohlekumpels aufzubauen, um gemeinsam gegen Konzerne zu kämpfen. Leider waren diese Bemühungen bislang nicht von

Erfolg geprägt (siehe auch den Beitrag *Im Konsens entscheiden, feiern, voneinander lernen: unsere Gruppenkultur*). Wir denken dennoch, dass wir eine weitreichende sozial-ökologische Umgestaltung der Gesellschaft nicht ohne Arbeiter*innen erreichen können und wollen die Suche nach möglichen gemeinsamen Positionen und Schnittstellen fortführen.

Geschlechterverhältnisse

Auch Geschlechterverhältnisse sind Teil des Kapitalismus. Die überwiegend von → Frauen*[60] erledigten Arbeiten wie Hausarbeit, Kindererziehung und Fürsorge für Familie und Gesellschaft sind Voraussetzung dafür, dass ein Teil der Bevölkerung Lohnarbeit erbringen kann. Sie sind aber aus dem eigentlichen Produktionsprozess zumindest zum großen Teil ausgelagert und werden zumeist nicht bezahlt. Diese Reproduktionsarbeit, die eine Voraussetzung für den Kapitalismus ist, findet im Privaten statt. Ihre gesellschaftliche Bedeutung bleibt weitgehend unsichtbar.

Diese nicht entlohnte Arbeit ist zutiefst geschlechtsspezifisch; sie ist Teil der Art und Weise, wie Geschlechterverhältnisse innerhalb der kapitalistischen Gesellschaftsordnung ausgestaltet sind.[61] Unsere Gesellschaft ist ein → Patriarchat, in dem Frauen* strukturell benachteiligt werden und Gewalt ausgesetzt sind. Beispielsweise leisten Frauen* pro Tag im Durchschnitt ca. 80 Minuten mehr unbezahlte Sorgearbeit als Männer. Auf ein Jahr hochgerechnet sind das mehr als 20 Tage.[62] Nach wie vor verdienen Frauen* in Deutschland im Durchschnitt knapp 20 % weniger als Männer.[63] Zahlreiche Studien belegen zudem, dass Frauen* in den Ländern des Globalen Südens stärker von den Folgen der Klimakrise betroffen sind als Männer.[64] Es ließen sich unzählige weitere Beispiele finden, die zeigen, wie sehr derartige Ungleichheit in unserer Gesellschaft verankert ist.

Wir verstehen uns bei Ende Gelände als feministisches Bündnis und haben den Anspruch, geschlechterspezifische Machtverhältnisse aufzuzeigen und in der eigenen Arbeit aktiv zu bekämpfen. Beispielsweise begegnen wir dem Missstand, dass mehr Männer als →FLINTA* in der Öffentlichkeit sprechen, dadurch, dass wir mittlerweile keine →*weißen* →cis-männlichen Sprecher mehr haben (siehe auch den Artikel *Geschichten verändern, neue Stimmen stark machen: unsere Diskursintervention*). Bei Plena oder Diskussionen achten wir darauf, dass kein männliches Redeverhalten vorherrscht (siehe auch den Artikel *Im Konsens entscheiden, feiern, voneinander lernen: unsere Gruppenkultur*). Bei der Vorbereitung und während der Aktionen versuchen wir, die anfallende →Care-Arbeit wie z.B. Kochen oder Kloputzen gleichmäßig zwischen allen Aktivist*innen aufzuteilen. Ziel ist es, über überlieferte Rollenbilder nachzudenken und sie nicht einfach zu übernehmen.

Das ist nur ein Ausschnitt aus der feministischen Praxis unseres Bündnisses. Sie ist zum einen nach innen gerichtet, indem wir versuchen, Tausende Aktivist*innen für patriarchale Machtstrukturen zu sensibilisieren und zu zeigen, was sich gegen sie tun lässt. Zum anderen wirken unsere Ansätze auch nach außen: Die Klimagerechtigkeitsbewegung wird in der Öffentlichkeit sehr stark als weiblich wahrgenommen.[65] Beides ist für die Veränderung kapitalistischer Geschlechterverhältnisse wichtig.

Gesellschaftliche Naturverhältnisse

Eine weitere Form der Ausbeutung innerhalb des Kapitalismus ist die Aneignung von Natur. Der Kapitalismus strukturiert unser Verhältnis zur Natur. Naturprodukte wie Kohle, Metalle oder Holz, die teilweise über Jahrmillionen und ohne Zutun des Menschen entstanden sind, werden im Kapitalismus nahezu unentgeltlich geplündert und verwertet. Ohne diese kostenfreien Ressourcen wären Profite nicht möglich – die kapitalistische Produktion wäre unrentabel und würde zum Erliegen kommen. Wo auch immer diese Form der kapitalistischen Aneignung gewirkt hat, hinterlässt sie Mondlandschaften und Zerstörung. Sie zerstört darüber hinaus das Weltklima. Obwohl der Kapitalismus auf Natur und eine intakte Umwelt angewiesen ist, vernichtet er sie und untergräbt somit die Bedingungen seiner eigenen Existenz.

Als aktionistisches Klimagerechtigkeitsbündnis war es uns von Anfang an wichtig, die Folgen kapitalistischer Produktion für die Natur aufzuzeigen. Mit unseren Aktionen zivilen Ungehorsams bebildern wir die fatalen Folgen der Kohlenutzung in Deutschland. Wir gehen an die Orte, an denen die kapitalistische Zerstörung besonders wütet: die Kohlegruben. Das Eindringen von Aktivist*innen in die Mondlandschaften dieser Gruben macht deutlich, wie unbarmherzig die kapitalistische Zerstörungswut auf der Suche nach Profiten ist. Ende Gelände hat es damit geschafft, die Kohleverstromung als Ursache für die Klimakrise in der Gesellschaft zu verankern.

Kapitalismus und Rassismus

Aspekte des Kapitalismus als Gesellschaftsform sind zudem rassistische Unterdrückung und → Imperialismus. Ohne Kolonien, ohne die Sklaverei sowie eine Einteilung von Menschen entlang rassistischer Linien wäre die Entwicklung des Kapitalismus nicht möglich gewesen. Nur durch die Enteignung der Arbeit der Sklav*innen auf Baumwollplantagen oder der Kinder in den kongolesischen Kobaltminen ist eine kapitalistische Produktion überhaupt möglich. Dass dies überhaupt gesellschaftlich akzeptiert wird, liegt an → Rassismus und dessen jahrhundertelanger Verbreitung innerhalb der kapitalistischen Zentren. Rassismus ist eine Grundvoraussetzung für das Fortbestehen des Kapitalismus. Dies ist ein zentraler Grund, warum er gesellschaftlich weiterhin so sehr verankert ist.

Ende Gelände hat sich von Anfang an auch als antirassistisches Bündnis verstanden, sich deutlich gegen den offen zu Tage tretenden Rassismus der Gesellschaft positioniert und sich mit den Opfern solidarisiert. Erst später ist jedoch ein Reflexionsprozess darüber in Gang gekommen, wie sehr wir auch bei Ende Gelände und innerhalb der gesamten Klimagerechtigkeitsbewegung rassistische Strukturen reproduzieren.[66] Vor allem → BIPoC haben aufgezeigt, dass sie in der gesamten Bewegung wenig vertreten sind und oft nur in der Rolle als von der Klimakatastrophe besonders Betroffene gesehen werden. Das hat bei Ende Gelände Diskussionen über den Abbau *weißer*

Privilegien angestoßen. Das Beispiel zeigt jedoch auch, dass wir alle Teil einer kapitalistischen und rassistischen Gesellschaftsordnung sind, die tief in uns allen verankert ist. Gleichzeitig ist die Auseinandersetzung mit unserem eigenen Rassismus wichtig, wenn wir die eigene politische Praxis weiterentwickeln und glaubhaft für eine antirassistische Gesellschaftsordnung einstehen wollen.

Der Kapitalismus als Gesellschaftsordnung kann nur funktionieren, weil viele Herrschafts- und Unterdrückungsverhältnisse zusammenwirken und sich gegenseitig bedingen. Für Ende Gelände bedeutet das, dass wir uns nicht nur gegen eines dieser Herrschaftsverhältnisse stellen, sondern gleichsam alle angreifen. Wir streiten sowohl für die Überwindung bestehender Eigentumsverhältnisse als auch für das Beenden des Raubbaus an der Natur, als auch für den Bruch mit einem patriarchalen System und nicht zuletzt auch gegen jeden Rassismus. Wir sind in diesem Sinne ökologisch, feministisch, antirassistisch und antikapitalistisch. Selbstverständlich merken wir jedoch, dass wir Teil der kapitalistischen Gesellschaftsordnung sind und in dieser gegen gesellschaftlich vorgegebene Verhaltensmuster anzukämpfen haben und einen gerechten Umgang mit unterschiedlichen Privilegien erst erlernen müssen.

Krise und Stabilität des Kapitalismus

Warum existiert ein derart ungerechtes und Ungleichheit förderndes System wie der Kapitalismus noch immer? Warum hat alles kollektive Aufbegehren gegen ein System, das zerstört und ausbeutet, bislang noch nicht ausgereicht?

Einer der zentralen Gründe ist sicherlich, dass der Kapitalismus eben nicht nur ein Wirtschaftssystem ist, sondern auch eine Gesellschaftsordnung, die unsere gesamten Leben, Gesetze, Infrastrukturen, Institutionen und Denkmuster insbesondere im Globalen Norden prägt. Wir können uns dem Kapitalismus nicht komplett entziehen. Am Beispiel des Rassismus in der Klimabewegung wurde das deutlich. Als weiteres von unzähligen Beispielen lässt sich die Fahrt mit der Bahn anführen: Selbst wenn wir dieses vergleichsweise ökologische Verkehrsmittel nutzen, werden wir Teil der globalen Ausbeutungsstruktur. Die Deutsche Bahn bezieht nämlich rund ein Viertel ihres Stroms aus dem erst 2020 eröffneten Steinkohlekraftwerk Datteln IV.[67] Die Steinkohle, die dort verwendet wird, stammt aus riesigen russischen Tagebauen, die größer sind als die Fläche Hamburgs, oder aus Tagebauen in Kolumbien, für deren Erschließung die Bevölkerung gewaltvoll vertrieben wurde.[68]

Dies sind jedoch nicht nur traurige Beispiele, sondern Teil der kapitalistischen Struktur: Zerstörungen, Abfälle und Folgen der Produktion werden zumeist in den Globalen Süden ausgelagert und für die Menschen in den kapitalistischen Zentren somit unsichtbar. Während sich reiche Nationen wie die Niederlande oder Deutschland mit Milliardeninvestitionen gegen den Klimawandel zumindest teilweise schützen können, ist dies für Südseeinseln wie Kiribati nicht nur unbezahlbar, sondern auch unmöglich. Länder des Globalen Südens und insbesondere die dort lebenden Frauen* haben zur globalen Erwärmung zwar keinen Beitrag geleistet, müssen aber einen Großteil der Folgen tragen. Dies ist die Kehrseite des Wohlstands, den der Kapitalismus im Globalen Norden schafft (siehe dazu auch den Artikel *Klimagerechtigkeit: »What do we want? Climate justice!«*).

Ohne diese Auslagerung der Folgen kapitalistischer Produktion wäre das System im Globalen Norden vermutlich nicht so stabil, sondern würde auf viel mehr Widerstände stoßen. Der Soziologe Stephan Lessenich spricht in diesem Zusammenhang von einer Externalisierungsgesellschaft[69], also einer Gesellschaft, die Folgen ihres Handelns systematisch auslagert.

Der Kapitalismus wird auch durch Institutionen und Politik aufrechterhalten. Obwohl das Wissen über die Klimakrise und die Notwendigkeit von Gegenmaßnahmen bekannt ist, gibt der deutsche Staat beispielsweise Jahr für Jahr knapp 50 Milliarden Euro für klimaschädliche Subventionen aus.[70] Auch wenn klar ist, dass eine ökologische Verkehrswende kommen muss, will Deutschland bis 2030 noch 850 Kilometer neue Autobahnen bauen.[71] Dabei schrecken, wie 2020 im Dannenröder Forst gesehen, nicht einmal vermeintlich grüne Parteien davor zurück, Wälder für Autobahnen roden zu lassen, nur um kürzere Transportwege für die Herstellung von Süßwaren zu erreichen. Obwohl klar ist, dass ein Kohleausstieg 2038 ökologischer Selbstmord ist, hat die vorige Bundesregierung dies beschlossen. Die Liste staatlichen Handelns, das zur Aufrechterhaltung des kapitalistischen Systems beiträgt, ließe sich endlos und in vielen Bereichen fortführen. Anstatt Probleme wirklich anzugehen, werden Scheinlösungen wie ein vermeintlich grüner Kapitalismus, die Umstellung von Verbrennungs- auf Elektromotoren in PKW oder die Möglichkeit des klimaneutralen Fliegens als Auswege aus der Klimakrise präsentiert. Ob überhaupt zu erwarten ist, dass Staaten zu einer grundlegenden Lösung der Klimakrise beitragen, ist allerdings – so zumindest eine Position bei Ende Gelände – zweifelhaft (siehe dazu den Artikel *Staat: Ende Gelände mit dem Staat?*).

Die kapitalistische Gesellschaftsordnung ist historisch und bis heute aus verschiedenen Gründen sehr stabil. Allerdings gibt es auch immer wieder Momente, in denen ihre Widersprüche deutlich werden; die sich verschärfende Klimakrise ist ein Beispiel dafür. In diesen Momenten entstehen Risse in der kapitalistischen Gesellschaftsordnung, auf die wir als Bewegung reagieren können und müssen. Sie bieten Gelegenheiten, um zu einer ökologischen, solidarischen, gerechten Gesellschaft jenseits des Kapitalismus zu kommen (siehe dazu das Kapitel *Blick in eine mögliche Zukunft*).

Kolonialismus: »No justice in a racist climate!«

Von Zade Abdullah

»Wer die koloniale und rassistische Dimension der Klimakrise nicht ins Zentrum der Analysen und Lösungen stellt, betreibt Klimaschutz als weißes Prestige-Projekt und verschärft die Klimakrise.«

Dodo von der Broschüre »Kolonialismus & Klimakrise – Über 500 Jahre Widerstand«[72]

Dieses Kapitel möchte ich den → BIPoC-Klimaaktivist*innen, insbesondere denen des → Globalen Nordens, widmen. Ich sehe und fühle euch. Danke für eure unermüdliche Aufklärungsarbeit über den Zusammenhang von → Rassismus, Kolonialismus und der Klimakrise an euren → *weißen* Genoss*innen. They truly don't deserve us!

Es ist der 29.8.2020. Beim von Ende Gelände NRW organisierten Skillshare-Wochenende »5 Jahre Ende Gelände« auf einem Lützerather Acker an der Grubenkante des Tagebaus Garzweiler wird einiges sehr sichtbar: Eine Handvoll BIPoC-Klimagerechtigkeitsaktivist*innen (Black, Indigenous, People of Colour) hat eine antirassistische Intervention gestartet, um zu problematisieren, dass Ende Gelände ein *weiß* dominiertes Bündnis ist und sich dementsprechend nicht grundlegend mit der eigenen Reproduktion kolonialer Kontinuität befasst.

Selbstreflexion gehört zu einer antirassistischen Praxis.
An dieser Stelle lade ich euch dazu ein, euch zu fragen, wer *ihr* seid, wer das »Wir« ist, das beschrieben wird, wenn aus der Ende-Gelände-Perspektive gesprochen wird, und welche Art von Aktivist*innen ihr euch vor eurem geistigen Auge vorstellt, wenn ihr an Ende Gelände denkt. Bei mir setzt sich das Bild aus *weißen* Leuten in weißen Anzügen, oft mit blonden Locks, zusammen. Ich selbst, als postmigrantische Person of Colour, erkenne mich darin nicht, obwohl ich schon selbst in einem dieser weißen Anzüge durch Kohlengruben gestapft bin.

Wenn ihr *weißen* Leser*innen euch über meine Wortwahl und über den Ton, den ich anschlage, nun wundert, dann lest euch bitte erst in Tupoka Ogettes *Exit Racism* ein, bevor es hier weitergeht.

Um den antirassistischen Diskurs bei Ende Gelände zu verstehen, sind die folgenden Abschnitte über die Grundlagen der kolonialkritischen Analyse der Klimakrise essenziell.[73] Nur wenn verstanden wird, dass das System → *white supremacy* der Ursprung ist, den wir konsequent bekämpfen müssen, können wir uns der vielbeschworenen Klimagerechtigkeit in Ansätzen nähern. Wir können Kapitalismus, → Patriarchat und Rassismus etc. nicht separat vom europäischen Kolonialismus kritisieren.

Content Note (CN): rassistische und sexualisierte Gewalt
CN für BIPoC: Der Inhalt kann psychischen Stress auslösen. Wenn ihr euch gerade nicht gut fühlt, lest dieses Kapitel zu einem anderen Zeitpunkt oder zusammen mit einer Vertrauensperson.

1. Wie funktioniert Kolonialismus?

Weiße Vorherrschaft

Kolonialismus funktioniert nach der rassistischen Logik der *weißen* Vorherrschaft. Der *weiße* männliche Kolonialist spricht kolonisierten Menschen seit Tag eins des kolonialen Projekts die Menschlichkeit ab. Durch die zerstörerische kapitalistische Praxis kann er dadurch Profit für den Globalen Norden generieren. Das kann er damit »rechtfertigen«, dass das Leben von Kolonialisierten vermeintlich weniger wert sei. So wird eine Hierarchie der »Rassen« konstruiert.

Durch die Einteilung in »Menschenrassen« schrieben sich *weiße* Männer dabei selbst positive Charakterzüge wie z.B. »am weitesten entwickelt«, »objektiv«, »rational« zu, während sie Kolonisierte als »faul« und als »primitiv« abwerteten. Dieses »Othering« (jemanden zum »Anderen« machen) war für ihr eigenes Selbstbild als »gute« Menschen notwendig, um sich von den Kolonisierten abzugrenzen und die Ausbeutung und Zerstörung der Lebensgrundlagen dieser Menschen legitimieren zu können. Wer nach dieser Logik nicht als vollständiger »Mensch« eingeteilt wird, dem*der stehen dementsprechend auch keine »Menschenrechte« zu. Die europäischen Kolonialherr*innen versklavten, ermordeten, vertrieben und vergewaltigten die kolonialisierten Menschen als Unterdrückungstaktik, um sie und ihre Länder unter ihre Kontrolle zu bringen.

Kolumbus und der Anfang des europäischen Kolonialismus

Allein während der spanischen Kolonisierung zwischen 1519 und 1568 haben schätzungsweise 80-90 % der angetroffenen indigenen Bevölkerung im heutigen Lateinamerika durch koloniale Gewalt ihr Leben verloren. Durch die hohe Nachfrage nach günstigen Produkten, wie Zucker, Tabak, Baumwolle und Kaffee aus den kolonialisierten Gebieten, errichteten die spanischen Kolonialist*innen zahlreiche Plantagen, die sie nur auf Basis von Aneignung von Land und durch Versklavung betreiben konnten. Um an weitere »kostenlose Arbeitskraft« zusätzlich zu der indigenen Bevölkerung zu gelangen, wurden Menschen auf dem afrikanischen Kontinent entführt und zur Arbeit gezwungen. Dieser Prozess wird als → »Maafa«[74] bezeichnet und beschreibt die systematische und massenhafte Deportierung und Versklavung von ca. 12,5 Millionen afrikanischen Menschen in die Kolonien durch europäische Kolonialmächte. Allein 1,2 bis 2,4 Millionen Menschen haben diese Deportationen nach heutigen Schätzungen nicht überlebt. Der widerständige Begriff »Maafa« umschließt zusätzlich das transgenerationale Trauma, das durch psychische, physische und seelische Unterdrückung der Afrikaner*innen entstanden ist und bis heute in der afrikanischen Diaspora sowie auf dem afrikanischen Kontinent anhält. Zudem macht dieser Begriff auch den Widerstand der Kolonialisierten sichtbar, denn Kolonialisierung fand niemals ohne Gegenwehr statt.

Um maximalen Gewinn zu erzielen, experimentierten die Kolonialist*innen mit verschiedenen Methoden der Ausbeutung der Versklavten. Ein Resultat davon ist unter anderem die Schichtarbeit auf den Plantagen. So konnte der globale Kapitalismus seinen Anfang finden und sich auf dem Nacken der Versklavten global etablieren.

Koloniales Denken – Coloniality of Power[75]

Im Kern der Methode der *weißen* Vorherrschaft und der Konsolidierung der kolonialen Macht steht das Aufzwingen des »überlegenen« europäisch-kolonialen Weltbildes und die Auslöschung und Verachtung anderer Weltverständnisse und Wissenssysteme. Diese Methode führte in verhältnismäßig kurzer Zeit dazu, dass ganze soziale Ordnungen und Gesellschaftsbilder »verwestlicht« wurden und in Konzepte und Wertesysteme nachhaltig eingegriffen wurde. Durch das Verbieten indigener, lokaler Sprachen ging unvorstellbar viel Wissen u.a. über astronomische, landwirtschaftliche und sozial-politische Zusammenhänge verloren, was teilweise nur mündlich von Generation zu Generation weitergegeben worden war. Zudem wurden seltene Niederschriften verbrannt und kulturelle Gegenstände in sogenannten »Strafexpeditionen« geraubt, um sie in europäischen Museen kontextlos als »Primitivkunst« auszustellen.

Eine grundsätzliche Eigenschaft des kolonialen Gesellschaftssystems ist die gedankliche Einteilung der Welt in erfundene Gegensätze und in künstliche Dualismen. Hierzu gehört die Trennung von »Mensch« und »Natur«, von »Mann« und »Frau«, von → »Schwarz« und »*weiß*«, »Körper« und »Geist« etc. Unser gesamtes Denken wird bis heute dadurch strukturiert und wir nehmen es als »normal« an. Alle anderen epistemischen Zugriffe auf die Welt werden als abnormal »geothert« und als minderwertig eingestuft.

Wie tief die gesellschaftlichen Zusammenhänge greifen, wird beispielsweise bei Gender, Sexualität und Identität im kolonialen Unterdrückungskontext verständlich. Erst durch das Aufzwingen der westlichen Gesellschaftsordnung dominiert die fast weltweite Einteilung der Menschheit in nur zwei Geschlechter.

Dass es nur zwei binäre Geschlechter gibt, also nur »Männer« und »Frauen«, wäre bei vielen indigenen Gruppen in der präkolonialen Zeit nicht vorstellbar gewesen. Bei indigenen Gruppen auf dem amerikanischen Kontinent gibt es beispielsweise »two-spirited« Menschen, oder in der Gruppe der hawaiianischen Indigenen sogenannte »Mahu«. Das sind Menschen, die aus der westlichen Sicht keiner der Kategorien »männlich« oder »weiblich« entsprechen.

Aus diesem kolonialen Denken ergibt sich der *white gaze*. Dieser beschreibt den kolonialen »*weißen* Blick« als Linse, durch die die Welt und die Menschen betrachtet und bewertet werden.

Mit diesem *white gaze* haben übrigens Bismarck und seine Colonizer-Friends bei der »Westafrika«-Konferenz im Jahr 1884 den afrikanischen Kontinent wie eine homogene Masse mit Stift und Lineal in Kolonien aufgeteilt, ohne die Heterogenität der eingeteilten Menschen zu verstehen, geschweige denn zu respektieren. In der Zeit entstanden die bis heute bestehenden Nationalgrenzen auf dem afrikanischen Kontinent.

Die Erfindung der »Natur«

In der eigenen Selbstkonstruktion der *weißen* Überlegenheit über BIPoC steckt auch die Konstruktion der Überlegenheit über die »Natur«. Demnach erfanden die europäischen Kolonialist*innen ein Naturverständnis, das sich von allem abgrenzt, was nicht *weiß*-männlich ist. »Natur« funktioniere demnach unabhängig von ihnen. Die komplexen Zusammenhänge und Übereinstimmungen zwischen Menschen, Tieren, Pflanzen etc.

wurden ausgeblendet und Kolonisierte wurden entmenschlicht, um der »Natur« zugeordnet zu werden.

Durch die Erfindung der »Natur« als etwas »Unterlegenes«, »Wildes« und »zu Zähmendes« konnten die Kolonialmächte mit »bestem Gewissen« die Profitmaximierung in ihrem territorialen und kapitalistischen Machtprojekt betreiben. Natur wurde als natürliche Ressource bewertet, als unendliche und bedingungslos zur Verfügung stehend scheinende Quelle von Rohmaterial.

Im Gegensatz dazu steht die Beschreibung des postkolonialen Schwarzen indigenen Philosophen Bayo Akomolafe. Sein »Natur«-Verständnis zeichnet sich dadurch aus, dass die »Natur« noch nicht einmal eine Bezeichnung trägt, weil etwa bei den Yoruba kein Unterschied zwischen den Menschen und dem umgebenden Geschehen gemacht werde. »Berge können um Rat gefragt werden, Bäume können Privilegien haben«, damit erklärt Akomolafe die »Lebendigkeit«[76] der nichtmenschlichen Welt.

»Research is a dirty word«

Aus Sicht der indigenen Wissenschaftlerin Linda Tuhiwai Smith ist das englische Wort *»research«* für viele indigene Menschen eines der verletzendsten Wörter im englischen Vokabular.[77]

Für die indigenen Menschen bedeuteten die kolonialen »Entdeckungsreisen« auf dem afrikanischen, amerikanischen und asiatischen Kontinent durch *weiße,* gezwungenermaßen zum Forschungsobjekt zu werden. Das »Vermessen der Welt« stand im Zentrum der sich etablierenden westlichen Naturwissenschaften in der Zeit der »Aufklärung«. Diese zeichnete sich dadurch aus, dass Wissenschaft durch das »Objektivitätspostulat« von einer vermeintlich neutralen und rationalen Perspektive betrieben wurde.

Dass das nicht der Fall war, kann man daran erkennen, dass in vermeintlich wissenschaftlichen Reiseberichten dieser Forscher*innen unzählige exotisierende und rassistische Phantasmen stecken.

Laut Smith wurde die grundlegende Menschlichkeit ihrer Gruppe durch diese »naturwissenschaftlichen« Praktiken verletzt.

»Es ist eine Geschichte, die noch immer den tiefsten Sinn unseres Menschseins verletzt. Allein das Wissen, dass jemand unsere ›Fähigkeiten‹ gemessen hat, indem er die Schädel unserer Vorfahren mit Hirsekörnern gefüllt hat und die Menge der Hirsekörner mit unserer Fähigkeit zum geistigen Denken verglichen hat, beleidigt unser Gefühl dafür, wer und was wir sind.«[78]

Diese pseudowissenschaftlichen Untersuchungen waren zutiefst ideologisch vernebelte Taktiken zur Aufrechterhaltung kolonialer sozialer Macht. Durch das massenhafte Verbreiten dieser Reiseerzählungen konnte die *weiße* Deutung über den Zustand der Welt zum Mainstream werden.

2. Koloniale Kontinuität

Zunächst möchte ich darauf hinweisen, dass wir mitten im kolonialen Projekt stecken. Es ist nie zu Ende gegangen. Es gibt buchstäblich immer noch europäische Kolonien auf nichteuropäischen Kontinenten. *Weiße* europäische und US-amerikanische Menschen sind immer noch in Positionen, über das Schicksal außereuropäischer Länder und Menschen zu entscheiden.[79] Die Erkenntnis, dass es Konsequenzen aus den Kolonialverbrechen an der Menschheit braucht, um globale Gerechtigkeit herzustellen, kam nie in den Dominanzgesellschaften und bei deren Machthaber*innen an. Auf die ersehnte Zäsur, den klaren *Cut*, können wir ohne → antikoloniale Widerständigkeit nur vergeblich hoffen.

Die koloniale Kontinuität zieht sich auf der individuellen, interpersonellen, institutionellen und strukturellen Ebene durch unser gesamtes Leben. Ein Gang durch den Supermarkt am Kaffeeregal entlang, die eurozentristische Berichterstattung von ausschließlich *weißen* oder → light-skin-Moderator*innen im Fernsehen oder der Besuch von »exotischen« Tieren im Zoo reicht bereits, um von kolonialer Gewalt in verschiedenen Formen umgeben zu sein.

Identität

Wer du bist, wer deine Familie ist und was du auf dieser Welt wann und wo tun oder lassen kannst, ist eine Frage von Privilegien, die dir das koloniale System anhand von erfundenen Kategorien gewährt oder eben nicht.

Bist du *weiß* und hast einen deutschen Pass und studierst, weil dein Großvater dein Studium finanziert? Oder bist du deutsch und of Colour und musst dein Abitur abbrechen, weil dir die Abschiebung in das Land deiner Eltern bevorsteht, das du möglicherweise noch nie betreten hast?

Ihr *weißen* Deutschen mit Nazi- und Colonizer-Hintergrund habt mit ziemlich hoher Sicherheit auch Eigentum in eurem Familienerbe, dass durch gewaltvolle Kolonialisierung und durch Naziverbrechen in euren Besitz gekommen oder bei euch auf dem Konto gelandet ist – sei es Erbe von Immobilien, Industrien, Geld oder Einflussmöglichkeiten in wichtigen gesellschaftlichen Entscheidungsposten. So wird die soziale Kolonialmacht von weißer Generation zu weißer Generation weitervererbt.

Im Vergleich erben wir BIPoC in Deutschland häufig leider nur das teuer zu stehen kommende Stigma der Migrantisierung, das generationale Trauma von Kolonialgenoziden unserer Vorfahren, die Horrorgeschichten von Flucht vor in den Einsatz kommenden deutschen Waffenexporten und Bewältigungsstrategien des täglichen Überlebens in racist Almanya von unseren Eltern.

Polizei[80]

Eine historisch tragende Rolle des gewaltvollen Machtmonopols der Kolonialverbrecher*innen spielt die Polizei.
Sei es die damalige deutsche Kolonialpolizei im heutigen Namibia, die für das »Polizieren« der Versklavten auf den Plantagen zuständig war, die derzeitige Grenzpolizei an den EU-Außengrenzen oder die tägliche Diskriminierung von BIPoC durch polizeiliches → *racial profiling*.

Die Polizei stellt systematisch die weiße Kontrolle über Schwarze Körper und Körper of Colour und die Aufrechterhaltung der kolonialen Kapitalverhältnisse durch Verhinderung von Teilhabe von BIPoC am europäischen Reichtum sicher. Dabei wird das massenhafte Sterben von BIPoC beispielsweise im Mittelmeer durch rassistische Polizeigewalt als Kollateralschaden nüchtern hingenommen.

Es ist sicher kein Zufall, dass immer wieder neue Schlagzeilen über aufgeflogene rechtsextreme Strukturen in der deutschen Polizei durchs Land ziehen. Die Kombination aus toxischer Männlichkeit, Uniform und Korpsgeist bietet eine brandgefährliche Möglichkeit für das Ausleben der eigenen phantasierten weißen Überlegenheit. Der tödlichen Aggression durch die Polizei gegen das rassifizierte »Andere« sind folgende Menschen in Deutschland zum Opfer gefallen:

Oury Jalloh.
Christy Schwundeck.
Amed Ahmad.
Qosay K.
Kola Bankole.
Aamir Ageeb.
N'deye Mareame Sarr.
...
Die Liste ist so lang und kalt wie Ayims Winter.

3. Kolonialismus und Klimakrise

Deutschlands Rolle im Kolonialismus wird verschwiegen, vertuscht und kleingeredet. Auch in Klimafragen rutschen der Kolonialismus und seine Folgen an den Rand der europäischen Debatte. Doch es ist absolut notwendig zu verstehen, nach welcher Logik das kolonial-rassistische System aufgebaut wurde, um zu begreifen, was momentan bei der Lösungssuche schiefläuft.

Die Klimakatastrophe konnte erst durch die blutig erkämpfte Vormachtstellung des westlichen kolonialen Kapitalismus und durch die Ausbeutung von Kolonialisierten des →Globalen Südens entstehen. Die Ideologie der Überlegenheit des energieintensiven *weißen* »modernen« Lebensstils hat uns die heutigen katastrophalen klimatischen Bedingungen beschert. Im Globalen Süden, den ehemals oder immer noch kolonialisierten Gebieten, wurde durch Folgen des Klimawandels die Lebensgrundlage für viele Menschen zerstört. Die MAPA (Most Affected People and Areas) haben dabei historisch am wenigsten zu den Schäden am Klimasystem beigetragen.

Die 19 Prozent der Weltbevölkerung, die im Globalen Norden leben, sind für rund 92 Prozent der weltweiten CO_2-Emissionen verantwortlich. Der Teil der Weltbevölkerung, der auf dem afrikanischen Kontinent lebt, emittiert nur ca. 7 Prozent der weltweiten Treibhausgase[81]. Dass hier eine klare Asymmetrie in der Verursachung der Klimakrise besteht, ist unbestreitbar. Die höhere Verantwortung der Verursacher*innen, die damit einhergeht, ist bisher noch nicht effektiv in die klimapolitischen Maßnahmen des Globalen Nordens durchgedrungen.

Stattdessen reihen sich die bisherigen klimapolitischen Antworten des Globalen Nordens nahtlos in das koloniale Projekt ein. Sogar die Pariser Klimaziele scheinen auf den ersten Blick erstrebenswert. Sie sind jedoch beim genauen Hinschauen voller kolonialer Machtspiele. Die Klimaforschung, auf der die politischen Antworten des Westens aufbauen, ist in sich leider sehr *weiß* und männlich dominiert und dementsprechend problematisch. So sind unter den 100 am meisten zitierten klimawissenschaftlichen Artikeln weniger als 1 % von afrikanischen Autor*innen geschrieben worden.[82] Das heißt, unter den einflussreichsten Klimawissenschaftler*innen ist keine einzige Person aus dem afrikanischen Kontinent vertreten. Keine Einzige. Die 1,5-Grad-Grenze ist dementsprechend ein Kompromiss auf Kosten der MAPA, für die bereits weniger als 1,5 Grad globale Erhitzung die Zerstörung ihrer Lebensgrundlage bedeutet.

Klimakatastrophe in Bangladesch und Racist-Alman-Greenpeace

Ein Beispiel für koloniale Gewalt im Kontext des Klimawandels ist das Land Bangladesch. Durch die Kolonialtaktik des »Teile und herrsche« (*divide et impera*) wurden ethnische Gruppen im ehemaligen »Britisch-Indien« durch unterschiedliche Privilegierung sozial gespalten und gegeneinander aufgehetzt. Aus diesen ethnischen und religiösen Konflikten heraus hat sich nach der Gründung Pakistans 1947 im Jahr 1971 auch Bangladesch abgespalten. Obwohl die Menschen nach Unabhängigkeit strebten, konnten sie die Souveränität im kolonialen System nicht vollständig erreichen.

Die koloniale Kontinuität wird bei dem Vorhaben der in Stuttgart sitzenden Fichtner AG und der Deutschen Bank sichtbar. Diese bauen zusammen mit der unter Druck stehenden Regierung Bangladeschs eine fossile Infrastruktur auf, deren Profite zurück in den Globalen Norden fließen. Geplant ist der Bau eines großen Kohlekraftwerks, das die nahegelegenen einzigartigen Mangrovenwälder verschmutzen und zerstören würde.[83] Diese sind jedoch essenziell für den Schutz der Bevölkerung vor Wirbelstürmen, die seit der Klimaerhitzung in dieser Region bereits für viele zu einem Todesurteil geworden sind.

Der Zynismus könnte nicht menschenverachtender sein. Anstatt den Aufbau günstiger, erneuerbarer und selbstverwalteter Energiequellen vor Ort zu unterstützen, wird im Herzen einer Region, die bereits mit am schwersten von Klimakatastrophen betroffen ist, aber historisch am wenigsten dafür kann, für die Profite der westlichen Kapitalist*innen eine dreckige CO_2-Schleuder installiert.

Seitdem in Europa der Diskurs um den verfrühten Kohleausstieg im Wirtschaftsmainstream angekommen und klar geworden ist, dass der europäische Markt langfristig für Kohleverstromung ausläuft, versuchen europäische Investor*innen, im Globalen Süden noch die letzten Krümel des Kohle-Profit-Kuchens einzuheimsen. Dabei propagieren sie, dass Kohle als »entwicklungspolitische Brückentechnologie« ein effektives Mittel gegen Energiearmut sogenannter »Entwicklungsländer« sei.

Durch die ausbleibende konsequente Entkolonialisierung der Regierung Bangladeschs herrschen dort immer noch britisch-koloniale Gesetzesordnungen. Das geerbte Gesetz zum

»*offense of sedition*« (dt. »Volksverhetzung«) sieht für das öffentliche Kritisieren der Regierung hohe Repressionen vor, darunter Freiheitsstrafen. Das führt dazu, dass Klimagerechtigkeitsaktivist*innen in Bangladesch, die die Fichtner AG, die Deutsche Bank und die Kooperation mit der Regierung kritisieren, unter unvorstellbarem Repressionsdruck stehen. Trotzdem gibt es eine aktive Klimagerechtigkeitsbewegung in Bangladesch, die jedoch durch globale → Marginalisierung in den westlichen Medien kaum Aufmerksamkeit erfährt.

Eine der bekanntesten diasporischen Klimagerechtigkeits- und → Degrowth-Aktivist*innen aus Bangladesch ist Tonny Nowshin. Sie ist eine der wichtigsten → intersektionalen Stimmen im deutschen Klimagerechtigkeitsdiskurs. Bei einer Demo im Juni 2020 gegen das neugebaute Steinkohlekraftwerk Datteln IV in NRW sprach sie neben Luisa Neubauer, einer ehemaligen Ende-Gelände-Pressesprecherin und anderen *weißen* Klimaaktivist*innen. Auf den Pressefotos von Greenpeace Deutschland war sie jedoch nicht zu sehen. Die Bedeutung der Präsenz der einzigen nicht-*weißen* Person wurde durch den abwertenden *white gaze* unsichtbar gemacht.

Nur drei Monate vorher ist der ugandischen Aktivistin Vanessa Nakate das gleiche passiert. Als einzige Schwarze Person neben Greta Thunberg, Neubauer und zwei weiteren *weißen* Aktivist*innen wurde sie von der Presseagentur dpa aus dem Gruppenbild geschnitten.

Das Ausmaß kolonialrassistischer Gewalt auf den verschiedenen Ebenen schmeckt bitter und ist in der Wucht kaum aushaltbar. Der Fall zeigt, wie tief der Rassismus in den *weißen* → Alman-Umweltschutz-Strukturen wie Greenpeace Deutschland sitzt und wie schädlich er ist, weil er nicht aufgearbeitet wird.

»the master's tools will never dismantle the master's house«[84]
Audre Lorde

Aus einer antikolonialen Perspektive macht es wenig Sinn, »Gerechtigkeit« von Institutionen wie der COP oder von Politiker*innen der westlichen Institutionen zu erwarten. Das sind genau die Institutionen, die den Kolonialismus errichtet und ausgebaut haben und von dem Machtzentrum immer noch profitieren.

Alles, was wir durch Forderungen an Institutionen bekommen, sind sogenannte *»false solutions«*, falsche Lösungen. Das sind Lösungsansätze, die auf dem Papier »grün« aussehen, aber effektiv die Klimakrise verschlimmern. Ein Beispiel dafür ist der »European Green Deal«, der letztes Jahr, 2020, von Ursula von der Leyen vorgestellt wurde. Es sollte der europäische »Man on the Moon«-Moment sein. Darin steht, dass die EU durch eine »grüne« Wachstumsstrategie bis 2050 »klimaneutral« werden möchte.

Dass die zugrundeliegende Wasserstoffstrategie auf →neokolonialer und brutaler Ausbeutung von Menschen aus dem afrikanischen Kontinent basiert, wird dabei natürlich nicht erwähnt und bleibt in der Mainstreamdebatte unsichtbar.

Auch bei den europäischen Grünen Parteien gibt es den Trend, die Würde kolonialisierter Menschen für nationale Klimaschutzmaßnahmen zu verraten. So kam es in der österreichischen Koalition von FPÖ und Grünen zu dem Slogan »Klima schützen – Grenzen schützen«.

Aus diesem Grund empfinde ich die Debatten rund um »Klima-Wahl-Momente« und die Enttäuschung über etablierte Parteien als *weiß* und ignorant. Viele BIPoC in Deutschland haben lange davor schon den Glauben an die institutionelle Politik zu Recht verloren. Euch dabei zuzusehen, wie ihr auf Wahlmomente hinfiebert, ohne dabei auch Druck für antirassistische Forderungen zu erzeugen, ist schmerzhaft.

Klimaschutz steht oft konträr zu Klimagerechtigkeit

Es fällt auf, mit welcher Selbstverständlichkeit wir das Konzept des Umweltschutzes und des Klimaschutzes unkritisch verwenden und es als etwas von Menschen Separates sehen. Es wird so getan, als ob zwischen dem Wohlbefinden von Menschen, insbesondere kolonisierter Menschen, und dem Schutz der Ländereien und deren Umwelt kein Zusammenhang bestände.[85] Es reiht sich ein in den kolonialen *weißen* Naturbegriff, der eng mit der Legitimierung der Unterdrückung von kolonialisierten Körpern verwoben ist.

Oft sind es auch die exotisierten Tiere, die von solchen westlichen → NGOs gerne gerettet werden wollen. So gilt der Eisbär in deren Narrativen als rettenswerter als die Menschen aus den MAPA. Oft werden indigene Menschen zusätzlich weiterhin ironischerweise als Zerstörungsfaktor der Natur konstruiert und für die Errichtung von »Naturschutzgebieten« von westlichen NGOs wie WWF vertrieben, wie beispielsweise im Gir Forest in Indien.

Widerstand

Schon seit Jahrzehnten gibt es Klima- und Umweltgerechtigkeits-Kämpfe von BIPoC-Aktivist*innen aus MAPA-Regionen im Globalen Süden. Sie haben sich organisiert, Aktionen durchgeführt – was der Mainstream des Globalen Nordens gerne ignoriert. Diese Kämpfe werden im westlichen Diskurs nicht abgebildet, weil wir uns an die Darstellung von leidenden und prekarisierten BIPoC in den Medien gewöhnt haben. Das »Elend« der Menschen wird als naturalisiert gelesen, und es besteht in der *weißen* Wahrnehmung kein solidarischer Handlungsdrang. Wenn auf das Elend von BIPoC Bezug genommen wird, dann häufig durch → *white saviourism*, eine *weiße* rassistische Aggression, getarnt als Wohltat. Durch die *weiße* europäische zeitgenössische Deutung der aktuellen europäischen Bewegung als Anfang der Klimabewegung werden diese jahrhundertelangen Widerstandskämpfe gegen koloniale und kapitalistische Zerstörung unsichtbar gemacht und überschattet.

Ihr könntet euch selbst fragen, ob euch die »Ogoni 9« etwas sagen. Wenn nicht, dann googelt und informiert euch.

4. Climate justice means racial justice![86]

Die Bewegungsfreiheits-Kämpfe an den EU-Außengrenzen, das Sterben von BIPoC auf Fluchtrouten und die Katastrophen in MAPA-Regionen haben die gemeinsame Komponente, dass sie im *white gaze* als hinnehmbar gelten. Dementsprechend hängen der Kampf gegen Rassismus und der Kampf gegen die Klimakrise eng miteinander zusammen. Erst wenn wir verstehen, dass diese rassistischen Gewalttaten nur zusammen gelöst werden können, nähern wir uns der Klimagerechtigkeit.

»Restorative Justice« – Wie sind die Schäden des Kolonialismus wiedergutzumachen?

Dass es Reparationen für die Kolonialisierten geben muss, um Gerechtigkeit herzustellen, steht außer Frage. Ein Beispiel für einen Anfang wäre im deutschen Kontext sicherlich, den Familien der Gastarbeiter*innen, die in deutschen Kohlegruben seit den 1950er Jahren brutal ausgebeutet wurden und heute noch massive gesundheitliche Schäden davontragen, mindestens 5 Milliarden Euro Entschädigung zu zahlen (so viel hat RWE auch als Entschädigung für den Kohleausstieg 2038 bekommen).

Reparationen sind jedoch nicht nur finanziell auszuhandeln. Die Kolonialisierten haben durch die Gewalt in Form von → Genoziden, → Epistemiziden (der Vernichtung von Wissen) und → Ökoziden ihren eigenen Platz in der Welt verloren. Wie kann man so etwas monetär entschädigen, wenn genau diese Systeme immer noch wüten?

5. Rassismus und *Whiteness* bei Ende Gelände

Zurück zu der antirassistischen Intervention von BIPoCs am »5 Jahre Ende Gelände«-Wochenende. Ende-Gelände-Aktivist*innen sollten sich fragen, warum bei Aktionen oder bei Klimacamps teilweise ausschließlich *weiße* Alman-Aktivist*innen teilnehmen.

Wo bleiben die so oft erwähnten Diversität, Inklusivität und Antirassismus, wenn sie in die Tat umgesetzt werden müssten? Wir als migrantische und postmigrantische Aktivist*innen werden marginalisiert, obwohl unseren Familien im Globalen Süden die Systemgewalt des Kolonialismus in ihre Biografien gebrannt wurde. Wir haben eine ganz andere politische Dringlichkeit als das *weiße* Kind in Deutschland, dass »Rettet die Eisbären« auf das FFF-Plakat geschrieben hat. *Don't get me wrong*, Eisbären sind *cute*, aber was ist mit ganzen Menschengruppen, die auf der Flucht vor Hunger und Zerstörung der Lebensgrundlagen sterben mussten, sterben und sterben werden? Der ganze Zukunftsdiskurs der westlichen Klimabewegung fühlt sich für uns wie ein Schlag ins Gesicht an. Er reproduziert den *weißen* Blick auf die Dinge. »Unsere Zukunft retten« heißt *weiße* Zukunft retten und gleichzeitig die kolonialrassistische Gegenwart, das Sterben von BIPoCs, als hinnehmbar und nebensächlich einordnen. Es ist erschreckend, wie wenig dieser Punkt auch bei sogenannten Klimagerechtigkeitsaktivist*innen bei Ende Gelände durchgedrungen ist.

Die Struktur von *white supremacy* macht auch in der Praxis von Ende Gelände nicht halt. Das zeigt sich beispielsweise dadurch, dass einige Schwarze Menschen und People of Colour bei Aktionen oder auf Klimacamps durch die konstante Reproduktion von Rassismen und Sexismen so viel psychische Gewalt erfahren, dass sie danach mindestens eine Woche Ruhe und Community Support brauchen, um wieder klarzukommen. Zudem werden die Lebensrealitäten von Schwarzen und Aktivist*innen of Colour und Aktivist*innen →*sans papiers* keinesfalls mitgedacht. Dass es einen massiven Unterschied macht, ob die Polizei eine rassifizierte oder eine *weiße* Person vor sich stehen hat, ist klar. Und was ist mit der erhöhten Sichtbarkeit von BIPoC durch »markers of difference« in Aktionen unter hauptsächlich *weißen*, die in ihren weißen Anzügen anonym in der Masse untergehen? Die Liste an →*whiteness* in der Planung ist zu lang. Auch hier sind die *weiße* Ignoranz und das Leben im Happyland[87] Grund für unsolidarische Praktiken, die unnötige Gewalt reproduzieren. Sie stellen ein Risiko für die wenigen

Schwarzen, Indigenen und Aktivist*innen of Colour dar, die überhaupt an Ende-Gelände-Aktionen teilnehmen. Es zeigt, dass es nicht einfach höhere Zahlen und mehr Repräsentation von BIPoC-Aktivist*innen braucht, sondern im ersten Schritt antirassistisch funktionierende Strukturen!

Im Rahmen der Aktion in Brunsbüttel hieß es auf den Transparenten: »Decolonize NOW«. Auf dem des Goldenen Fingers in der Aktion 2020 hieß es »das Rassistische System erkennen und bekämpfen«. Das sind super Sprüche, aber solange nur *weiße* und unreflektierte Aktivist*innen solche Transparente halten, schmeckt das Ganze nach *white saviourism*. Zur Verdeutlichung ein eindimensional heruntergebrochenes Beispiel für feministische Almans: Es wäre ähnlich abgefuckt, wenn sich 1000 → cis-Männer mit den prominentesten antipatriarchalen Aktionen Deutschlands mit angeeigneten »Feminismus Jetzt«-Transparenten schmücken und sich als Helden feiern, dabei aber Frauen (→ FLINTA*) marginalisiert und durch sexistisches Verhalten systematisch ausgeschlossen werden würden.

It sucks, right?

Die *weißen* Kolonialverbrecher*innen von damals schmoren zwar gerade in ihrer eigenen Hölle, können sich aber darüber freuen, wie sehr ihre *white supremacist*-Vision als soziales Design sogar im Widerstand gefruchtet hat. Wie ironisch …

6. Aussicht – No justice in a racist climate![88]

Die Kämpfe sind bereits verbunden! Wir müssen sie auf dem Schirm haben und entsprechende solidarische Praktiken entwickeln. Das sollte so langsam mal der Anspruch einer westlichen, *weiß* dominierten Gerechtigkeitsbewegung sein, die sich den Klima- und Gerechtigkeitskämpfen der Menschen aus dem Globalen Süden anschließt.

Wenn wir es mit der Dekolonialisierung ernst meinen, dann müssen wir unsere Solidarisierung mit Menschen aus dem Globalen Süden (darunter problematische *weiße* Exotisierungen von Indigenen und Kurd*innen), auf BIPoC auf der Flucht ausweiten. Wir müssen unsere Vernetzung und Medienaufmerksamkeit dafür nutzen, dass *white supremacy* als tödliche, menschenverachtende, klimazerstörende Machtstruktur der Vergangenheit angehören muss!

Sonst bleibt Klimaaktivismus nichts weiter als eine problematische Aneignung der antikolonialen BIPoC-Kämpfe durch hauptsächlich *weiße* Menschen, die das Problem nicht ganz gecheckt haben.

Der Bruch kann gelingen, wenn wir unser koloniales Naturverständnis zerlegen, eine Schlüsselkategorie bei lösungsorientierten Überlegungen zu Klimagerechtigkeit.

Wie kann solidarische Rollenverteilung aussehen?

Auch wenn Ende Gelände noch so unglaublich viel an Rassismuskritik aufzuarbeiten hat, gibt es die Chance, die Aktionsform des zivilen Ungehorsams von *weißen* Körpern als solidarischen Akt für Interventionen zu nutzen. Ein Blick in die USA verrät, dass der antikoloniale Diskurs dort bereits so viel weiter ist, dass die Ende-Gelände-Style-Aktionen von *weißen* Leuten speziell zur Entlastung der indigenen Front-Line Communities verwendet werden. Dort ist es eine solidarische Rollenverteilung von *weißen* Körpern, in Aktion zu treten und Repressionen zu erfahren, die sanfter ausfallen als für die betroffenen BIPoC. Aber dieser Schritt erfordert ein fortgeschritteneres antirassistisches Verständnis. So weit sind wir, bzw. seid *»ihr«*, leider noch nicht. Das sieht man daran, dass es hier noch keine Selbstverständlichkeit ist, bei rassistischen Nazimorden wie in Hanau BIPoC geschlossen und solidarisch mit Ressourcen, Aufmerksamkeit und Mitgefühl zu unterstützen.

Fragen, die weiße *Klimaaktivist*innen sich stellen sollten:*

Welche Rassismen reproduziere ich? Seit wann bin ich mir bewusst, dass ich *weiß* und ein *weißer saviour* bin, und was tue ich jeden Tag dagegen? Wie können wir unsere Privilegien nutzen, um die marginalisiertesten Stimmen so laut werden zu lassen, dass sie medial und gesellschaftlich gehört werden? Wie können wir sicherstellen, dass sich genau diese Leute auf unseren Veranstaltungen wohlfühlen? Wie können wir diese Menschen mobilisieren und Zugänglichkeit herstellen? Wie können wir *white saviourism* unterbinden?

7. »BIPoC-Gelände ohne Ende!«

Das ist die Forderung, die wir bei der ersten bei Lützerath stattfindenden BIPoC-Klimagerechtigkeitskonferenz 2021 gerufen haben. Ein Jahr nach dem Interventions-Ackerwochenende hat sich zumindest bei uns BIPoC viel getan, und immer mehr BIPoC-Klimagerechtigkeitsaktivist*innen lernen sich kennen und bilden Banden. Gebt uns Ressourcen und erwartet keinen Dank dafür. Das ist das Mindeste.

Inhaltlich möchte ich dieses Kapitel mit schlauen Worten meiner Schwarzen Geschwister beenden: Liz Braun – »Solidarität fängt da an, wo die eigene Betroffenheit aufhört« – und »*Center the margins!*«[89] von Tsepo Bollwinkel.[90] Emotional will ich mit Folgendem abschließen:

8. Extra-Ansage an den *weißen* →Klima-Alman, der selbstgerecht in der Bewegung aktiv ist und hinter »Decolonize«-Transparenten herläuft[91]

Du denkst theoretisch, rational und hast NATÜRLICH alles verstanden. Klar bedeutet Klimagerechtigkeit Antirassismus und Antisexismus, das weiß doch jede*r! Und weil du es so gut verstanden hast, stehst du jetzt auf einmal über den Dingen, und bist schon fast gelangweilt, wenn eine BIPoC-Person schon wieder mit der Rassismus-Karte ankommt …

Aber wenn du doch so gut bist im logischen Denken, warum trägst du *weiße* Locks und wirfst mitleidige Blicke auf die einzige kopftuchtragende Person auf der Klima-Demo? Warum schreitest du auf dem Weg zum Plenum nicht ein, wenn der Fahrkartenkontrolleur in der Bahn eine Person of Colour rassistisch beleidigt? Warum stellst du nicht sicher, dass deine Freund*innen, deine Bezugsgruppe und dein ganzes Umfeld wissen, wie man sich bei *racial profiling* durch *racist cops* solidarisch verhalten muss, wenn ihr nach dem Visionstag im Park noch eine Mate zischt?

Der Grund dafür, dass du das alles offensichtlich NICHT tust, ist die → *racial empathy gap*[92]. Anstatt zu versuchen, wirklich zuzuhören und dich einzufühlen, bleibst du ein arroganter Besserwisser, der sich als unverstandener Einzelkämpfer darstellt, wenn BIPoC deinen Rassismus outcallen. *We are fucking exhausted!* Wir BIPoC können uns nicht aussuchen, ob wir gegen Rassismus kämpfen, weil es unsere Realität ist und sie uns und unsere Familien zu oft umbringt. Warum bist du nur so unfassbar stur? Einfach mal ein dickes *Fuck You!* an dich! Das haben sich schon viele von uns gedacht, als sie dich reden gehört haben, aber nicht ausgesprochen, weil unsere Familien uns dafür zu gut erzogen haben.

No justice in a racist climate full of ignorant white saviours![93] Den Titel dieses Kapitels habe ich mir übrigens als Framing für eine antirassistische Klima-Aktion ausgedacht, er wurde später von *weißen* Ende-Gelände-Aktivist*innen ungefragt angeeignet. Das hat wehgetan.

Staat: Ende Gelände mit dem Staat?

Über das Verhältnis zum Staat bei Ende Gelände

Von Kabis, Lumii, Milan, Rafiki und Vicuña

Der Begriff *system change* – Systemwandel – ist in den letzten Jahren bei Ende Gelände immer stärker in den Vordergrund gerückt. Im Zusammenhang damit haben wir Klimagerechtigkeit immer stärker auch mit feministischen, antirassistischen und antifaschistischen Botschaften und Kämpfen verbunden. Während unsere Haltung zu fossilen Konzernen dabei sehr klar ist, ist diejenige gegenüber dem Staat weniger eindeutig – und damit auch die Antwort auf die Frage, welche Rolle der Staat beim Systemwandel spielt und was eigentlich auf lange Sicht mit ihm passieren soll.

Warum müssen wir uns mit dem Staat auseinandersetzen, wenn wir Klimagerechtigkeit ernst nehmen?

Ausgangspunkt von Ende Gelände war das Motto »Kohleausstieg ist Handarbeit«, also eine Haltung, die nicht darauf vertraut, dass die nötigen Veränderungen für eine klimagerechte Gesellschaft vom Staat ausgehen werden – zumindest nicht ohne erheblichen Druck aus sozialen Bewegungen. Schon das führt zu weiteren Fragen: Einige verstehen unter »Handarbeit« den Kohleausstieg selbst, andere die Kampagnen und Aktionen, die für politischen Druck sorgen.

Offensichtlich bündelt sich im Staat bei den jetzigen gesellschaftlichen Verhältnissen politische Macht. Wer die Gesellschaft verändern möchte, ist unausweichlich vor die Frage gestellt, ob dies auch mit dem oder sogar durch den Staat möglich ist, oder ob dieser vor allem ein Hindernis für gesellschaftliche Veränderung darstellt. In der Klimabewegung stellt sich diese Frage oft auch als Zeitfrage: Es ist nicht fünf vor zwölf, sondern mindestens schon ein Uhr. Die Klimakrise erfordert Maßnahmen im Hier und Jetzt. Die Frage ist also: Selbst wenn wir es wollten, könnten wir den Staat überhaupt rechtzeitig loswerden, bevor es längst zu spät ist für Klimastabilität? Müssen wir nicht gerade unter Zeitdruck versuchen, auf staatliches Handeln Einfluss zu nehmen? Aber andersherum auch: Ist Klimagerechtigkeit mit einem kapitalistischen Staat überhaupt machbar?

Für Ende Gelände stellt sich die Frage nach dem Umgang mit dem Staat zunehmend konkreter und praktischer, seit wir als größere Organisation wahrgenommen werden. Im Herbst 2019 etwa brach eine Diskussion über unseren E-Mail-Verteiler los, als wir sehr kurzfristig in den Umweltausschuss des Bundestags eingeladen wurden. Und ZACK, da war sie plötzlich, die Staatsdebatte … zumindest ein wenig. Manche waren dafür, jede Bühne für unsere Botschaften zu nutzen. Andere meinten, dass wir in den Mühlen der Parlamentsarbeit wenig zu gewinnen hätten. Wieder andere lehnten einen Auftritt im Parlament kategorisch ab, weil Ende Gelände auf diese Weise staatliche Institutionen legitimieren würde. Es wurde zwar schnell deutlich, dass Ende Gelände den Bundestag nicht besuchen würde, doch die Debatte zeigte, welche unterschiedlichen Staatsverständnisse in unserem Bündnis aufeinandertreffen. Auch bei anderen Debatten wurden diese Kontroversen deutlich: Welche Bedeutung messen wir der → Kohlekommission bei? Ist sie überhaupt ein Bezugspunkt für unsere Aktionen? Versuchen wir, ihr Ergebnis zu beeinflussen oder kann es uns nur darum gehen, ihr Ergebnis zu kritisieren? Wollen wir das »Sofortmaßnahmen«-Papier von Klimagerechtigkeitsgruppen unterzeichnen, obwohl es auch realpolitische Forderungen an den Staat beinhaltet? Was halten wir eigentlich davon, wenn der politische Inlandsgeheimdienst (siehe zum Begriff »Verfassungsschutz« den Artikel zu Repression: *Uns vom Gegenwind nicht aufhalten lassen*) uns als potenziell verfassungsfeindlich einstuft?

In diesem Kapitel filtern wir aus den internen Debatten und der politischen Praxis der vergangenen Jahre Gemeinsamkeiten und Unterschiede zwischen den in unserem Bündnis vertretenen Positionen in Bezug auf den Staat heraus. Anschließend diskutieren wir die Stärken und Schwächen unserer Praxis. Wir enden mit einigen Überlegungen für eine künftige Vertiefung der Staatsdebatte. Diese Diskussion ist geprägt von den Einschätzungen und Interpretationen der Autor*innen, auch weil es an vielen Stellen an ausdrücklich formulierten Positionen von Ende Gelände mangelt.

Die Bandbreite der Positionen zum Staat

OK, aber was heißt das jetzt konkret?

Wir als Autor*innen denken, drei Strömungen oder Positionen zum Staat in Ende Gelände ausmachen zu können. In der Realität sind diese Positionen natürlich selten so eindeutig, wie wir sie hier zur Veranschaulichung zusammenfassen, und manche Einzelpersonen finden sich wohl in allen drei Strömungen oder in keiner wirklich wieder.

Die erste Strömung hat eine positive bis pragmatische Haltung zum Staat. Ihr Ziel ist nicht die Überwindung des bürgerlichen Staates, sondern ein tiefgreifender, demokratischer und sozial-ökologischer Wandel innerhalb der bestehenden staatlichen Bedingungen. Dem liegt die Überzeugung zu Grunde, dass ein solcher Wandel durch Parlament und Regierung auch umgesetzt werden kann, wenn nur der entsprechende politische Wille da ist. Diese Strömung sieht die Aufgabe von sozialen Bewegungen vor allem darin, radikale Forderungen wie den sofortigen Kohleausstieg auf die politische Tagesordnung zu setzen. Dafür werden sowohl spektakuläre Mittel außerhalb institutioneller Spielregeln (z. B. Aktionen zivilen Ungehorsams) als auch konventionelle Mittel innerhalb von Institutionen (z. B. Petitionen) eingesetzt und möglichst breite Bündnisse geschmiedet. Mit diesen Mitteln soll ein so großer gesellschaftlicher Druck auf Parteien aufgebaut werden, dass diese schließlich Reformen durchsetzen, die u.a. zunächst nicht-kapitalistische Wirtschaftsbereiche stärken und so einen langfristigen, tiefgreifenderen sozial-ökologischen Wandel ermöglichen. Auch wenn der Staat hier nicht grundsätzlich abgelehnt wird, so gibt es in Teilen doch auch eine Kritik an der parlamentarischen Demokratie. So wird kritisiert, dass demokratische Prinzipien nur auf Teile des gesellschaftlichen Lebens angewendet werden, während Wirtschaftsunternehmen nicht nur von demokratischen Grundsätzen weitgehend ausgeklammert werden, sondern durch Lobbyismus erheblichen Einfluss auf staatliche Entscheidungen nehmen.

Die zweite Strömung steht dem Staat ablehnend gegenüber, denn sie versteht ihn als eine mit →emanzipatorischen Zwecken und Ideen unvereinbare Herrschaftsstruktur. Kern des staatlichen Handelns ist dieser Auffassung nach die Durchsetzung von Kapitalinteressen, zur Not mit autoritären Maßnahmen. Zum Beispiel, wenn die Polizei Rodungsarbeit von RWE ermöglicht. Mit Ansätzen innerhalb des Staates ist demnach keine Klimagerechtigkeit möglich, sondern nur außerhalb des Staates und gegen staatliche Institutionen. Daher verwendet diese Strömung auch keine Mittel, die der Logik herrschender Institutionen folgen. Sie lehnt die Zusammenarbeit mit staatlichen oder staatsnahen Akteur*innen ab, aus Sorge davor, sonst die herrschenden Verhältnisse zu stärken und abzusichern. Wenn radikale Bewegungen selbst mit staatlichen Institutionen zusammenarbeiten, wie können sie dann eine radikale Staatskritik glaubhaft vermitteln? Die Aufgabe von sozialen Bewegungen ist demzufolge, über selbstbestimmte Organisationsformen und direkte Aktionen neue, →basisdemokratische und der kapitalistischen →Verwertungslogik zuwiderlaufende Beziehungen und Strukturen aufzubauen. Aus Sicht dieser Strömung wachsen die Keimzellen des Wandels von unten, nicht von oben. Bezugspunkte sind z.B. die Strukturen in den kurdischen Autonomiegebieten in Rojava oder in den →zapatistischen Gemeinden in Chiapas. Wenn der Staat Zugeständnisse macht, um Bewegungen den Wind aus den Segeln zu nehmen, werden diese Teilerfolge zwar mitgenommen, aber diese Strömung verlässt sich nicht darauf, auf diesem Weg einen weitreichenden gesellschaftlichen Wandel erkämpfen zu können. Diese Haltung und die Bezugspunkte teilt die zweite Strömung mit der dritten, ebenso wie das langfristige Ziel einer Überwindung bürgerlich-staatlicher Verhältnisse zugunsten einer demokratischeren und gerechteren Gesellschaftsordnung.

Die dritte Strömung setzt sich dabei allerdings in ein gleichzeitig pragmatisches und gegnerisches Verhältnis zum Staat, indem sie versucht, staatliche Spielräume Stück für Stück für sich zu nutzen und auszuweiten. Staat wird in Teilen dieser Strömung in Anlehnung an die marxistischen Theoretiker Antonio Gramsci und Nicos Poulantzas als ein umkämpfter Raum verstanden, in dem sich gesellschaftliche Kräfteverhältnisse verdichten – und weniger als einheitlicher Akteur. Es lohnt sich demnach, sich in diesen Raum einzumischen, weil dort vielfache Konflikte und Widersprüche auch zwischen herrschenden Kräften bestehen. Gleichzeitig bleiben nach diesem Verständnis die staatlichen Institutionen auf den Erhalt einer bürgerlich-kapitalistischen Ordnung ausgerichtet; daher zielt diese Strömung im Gegensatz zur ersten nicht in erster Linie darauf ab, Parlamente und Regierung zu beeinflussen. Es geht ihr vor allem um den Aufbau von gesellschaftlicher Gegenmacht. Das bedeutet, die öffentliche Meinung auf der Ebene des menschlichen Alltagsverstandes zu prägen, also z. B. im Fernsehen, in Zeitungen, in der Popkultur, in der Literatur oder Architektur. Das langfristige Ziel dabei ist, dass die Mehrheit der Gesellschaft sich mit einem emanzipatorischen Projekt identifiziert und für dessen Kultur, Interessen und Ziele eintritt. Dabei ist es aber auch eine wesentliche Aufgabe von sozialen Bewegungen, einen gesellschaftlichen Prozess der Selbstermächtigung und der politischen Handlungsfähigkeit zu befördern. Welche Zusammenarbeit mit staatlichen oder staatsnahen Institutionen sinnvoll ist, muss nach Auffassung der dritten Strömung daher im Einzelfall überlegt werden: Wo nützt sie uns mehr, weil sie unsere Spielräume erweitert, und wo schadet sie uns mehr, weil sie zu Einhegung, Befriedung oder Vereinnahmung führt?

Staatsverhältnis in der Praxis von Ende Gelände

Unser Bündnis deckt offensichtlich ein recht breites Spektrum der gesellschaftlichen und radikalen Linken ab. Viele Ende-Gelände-Aktivist*innen sind auch in anderen Gruppen und Strukturen und in verschiedener Weise politisch aktiv: von der (auch) auf den parlamentarischen Betrieb ausgerichteten Arbeit in Parteijugenden bis zu anarchistisch geprägten Besetzungen im Hambacher Forst. Aus der gemeinsamen politischen Praxis der vergangenen Jahre kristallisieren sich aber auch Elemente eines miteinander geteilten Verständnisses des Staates und eines strategischen Umgangs mit ihm heraus.

Die Aktionsform, für die Ende Gelände bekannt ist, ist der massenhafte zivile Ungehorsam, bei dem möglichst viele Menschen für möglichst lange Zeit Kohleinfrastruktur blockieren. Das beinhaltet einen massenhaften und kollektiv organisierten Gesetzesübertritt, den wir nicht nur als legitim erachten, sondern vielmehr als notwendig, um gesellschaftliche Veränderung voranzutreiben. Schließlich ist der gesetzliche Rahmen eindeutig auf die Aufrechterhaltung des kapitalistischen »Normalbetriebs« zugeschnitten. Die Mittel der parlamentarischen Demokratie wie Wahlen, Petitionen oder Demonstrationen haben schließlich nichts an der klimaschädlichen Politik in Deutschland und anderen Ländern geändert. Der zivile Ungehorsam von Ende Gelände beinhaltet auch, dass wir uns über die staatlich abgesicherten kapitalistischen Eigentumsverhältnisse in der fossilen Energieproduktion hinwegsetzen, die eine der Hauptursachen der Klimakrise sind. Insofern geht die antikapitalistische Grundhaltung von Ende Gelände mit einer Kritik an den engen Verflechtungen zwischen Konzernen und staatlichen Institutionen – auch auf der regionalen und lokalen Ebene – einher.

Im Zuge des Gesetzesbruchs setzen wir uns selbst Regeln: Um ein gemeinsames Verständnis und einen gemeinsamen Handlungsrahmen für eine Aktion zu entwickeln, veröffentlicht Ende Gelände vor jeder Aktion einen Aktionskonsens. Durch die offene Mobilisierung und die Transparenz, die u.a. der Aktionskonsens ermöglicht, sind diese Massenaktionen für viele Menschen wesentlich anschlussfähiger als z.B. Aktionen, die kleinere Gruppen selbst organisieren. Auch gegenüber der Einschüchterung durch staatliche Repression sowie straf- und zivilrechtliche Verfolgung nimmt Ende Gelände eine entschieden staatskritische Haltung ein. Wir schützen uns gemeinsam gegen Repression, indem wir die Angabe unserer Personalien kollektiv – also mit mehreren Tausend Aktivist*innen gleichzeitig – verweigern (siehe zur Verweigerung der Angabe von Personalien den Artikel *Uns vom Gegenwind nicht aufhalten lassen: (Anti-)Repression bei Ende Gelände*). Auch wenn viele Aktivist*innen das möglicherweise eher aus pragmatischen Gründen tun, wird hier Staatskritik »ganz nebenbei« in konkrete Handlungen übersetzt und wichtige Handlungsspielräume gegenüber dem Staat und der Kohleindustrie werden erkämpft.

Teilweise gehen wir jedoch auch pragmatisch mit staatlichen Institutionen um. Die Polizei etwa sehen wir klar als Repressionsorgan und benennen sie auch so. Gleichzeitig gibt es in jeder Aktion Aktivist*innen, die den Kontakt zur Polizei übernehmen. Unsere Aktionstaktiken sind insgesamt darauf ausgerichtet, so wenig direkte körperliche Konfrontation zu haben wie möglich. Wir verstehen die Polizei sehr wohl als Gegnerin, aber nicht als Ziel unserer Aktionen. Natürlich hängt das Verhalten der Polizei dabei auch mit der öffentlichen Wahrnehmung unserer Aktionen zusammen: Wo unser Protest breite öffentliche Unterstützung genießt, ist die Einsatzleitung der Polizei bisweilen auch gezwungen, weniger rüde vorzugehen. Darauf ist natürlich kein Verlass, denn Polizeigewalt gab es bislang bei jeder größeren Ende-Gelände-Aktion. Doch auch die Polizei bleibt auf die öffentliche Meinung angewiesen, und diesen Umstand nutzen wir bei Ende Gelände zum Schutz der teilnehmenden Aktivist*innen.

Während der Massenaktionen arbeiten wir bei Ende Gelände auch mit parlamentarischen Beobachter*innen, meist von Grünen und Linken, zusammen. Diese haben als Abgeordnete besondere Glaubwürdigkeit als Zeug*innen von Polizeigewalt und Repression sowie bei der Kritik daran. Wir arbeiten also an bestimmten Punkten mit Vertreter*innen des Staates zusammen, um staatliches Handeln wirkmächtiger kritisieren und beeinflussen zu können. Wir arbeiten zudem nicht nur mit anderen radikalen Teilen der Klimagerechtigkeitsbewegung zusammen, sondern suchen auch die Zusammenarbeit mit ihren politisch gemäßigteren Teilen. Dazu gehören auch Nichtregierungsorganisationen, die sich eng an staatlichen Politikprozessen orientieren. Wir versprechen uns davon, dass so die Vielfalt der Strategien und Aktionsformen unterschiedlicher Bewegungsflügel besser ineinandergreift.

Allerdings bleibt Ende Gelände klar außerparlamentarisch: In der Art und Weise, wie wir aktiv sind, wird eine Vision gesellschaftlicher Organisierung jenseits von bürgerlichem Staat, parlamentarischer Demokratie und kapitalistischer Logik erlebbar. Kritik an Hierarchien, Entscheiden im Konsens und Freiwilligkeit bieten eine Grundlage für die Veränderung gesellschaftlicher Beziehungen: Ein anderes Miteinander ist möglich. Damit hat Ende Gelände gemeinsam mit anderen Gruppen wie den Klimacamps einen Raum geschaffen, in dem es möglich ist, ausführlicher darüber zu sprechen, wie wir uns den Systemwandel praktisch vorstellen, welche Rolle der Staat dabei spielt und wie wir uns zu ihm verhalten können.

Und wohin hat uns das geführt? Einige Stärken und Schwachpunkte unserer bisherigen Praxis

Dass es zu diesen Fragen bei Ende Gelände weder eine ausführliche Grundsatzdebatte noch festgeschriebene gemeinsame Haltungen gibt, ist zugleich Stärke und Schwäche. Zu den Stärken zählt ohne Zweifel die Anschluss- und Bündnisfähigkeit: Die unterschiedlichen Haltungen zum Staat konnten in Ende Gelände auch deshalb zusammenkommen, weil nicht die Staatsfrage im Vordergrund stand, sondern die Forderung nach dem sofortigen Kohleausstieg. In der Aktionsform des massenhaften zivilen Ungehorsams verbinden sich ein Einmischen in die öffentliche Diskussion und der Versuch, direkt die Produktionsabläufe des fossilen Kapitalismus zu stören. Gleichzeitig können Aktionen und Besetzungen, die in zeitlicher Nähe zu konkreten politischen Entscheidungen stattfinden, immer wieder gesellschaftlichen Druck auf Entscheidungsträger*innen aufbauen. So wird es möglich, verschiedene Haltungen zum Staat und die damit verbundenen Theorien gesellschaftlicher Veränderung in einer gemeinsamen Aktionsform zum Ausdruck zu bringen.

Die Anschlussfähigkeit von Ende Gelände nützt der Klimagerechtigkeitsbewegung insgesamt: Bei Ende Gelände Aktionen begegnen sich Aktivist*innen mit sehr unterschiedlichen Einstellungen dazu, wie weitreichend gesellschaftliche Veränderung sein muss und wie sie erreicht werden kann. Wenn zwischen Aktivist*innen mit unterschiedlichen Einstellungen ein Austausch stattfindet, dann können das Ende-Gelände-Bündnis und die Aktionscamps ein prägender Politisierungs- und Reflexionsort sein.

Im aktivistischen Alltag ergeben sich aus den unterschiedlichen Haltungen zum Staat aber auch Reibungspunkte: Zum Beispiel da, wo es für einige Aktivist*innen erst einmal kein Problem ist, wenn die Polizei durch die Blockade spaziert, während andere das nicht so einfach hinnehmen wollen. Oder wenn es für die einen interessant ist, sich mit Polizist*innen zu unterhalten, was bei anderen für Empörung und Beklemmungsgefühle sorgt.

Aber auch solche Situationen können Ausgangspunkte für die Auseinandersetzung mit der eigenen Haltung zum Staat sein. Sie können Anlass geben, das gesellschaftliche Bild der Polizei als »Freund und Helfer« kritisch zu hinterfragen. Vor allem, wenn Aktivist*innen Polizeigewalt (mit)erleben, hat das sicherlich Auswirkungen auf ihre Beziehung zu Staat und Polizei. Und nicht zuletzt: Wer kratzt sich die Fingerkuppen auf, verklebt sie dann mit Glitzer und Kohlestaub und fragt sich nicht spätestens in diesem Moment, warum das überhaupt nötig ist, um zu vermeiden, über Fingerabdrücke identifiziert zu werden und Repression zu erfahren, während RWE-Aufsichtsräte in kommunalen Parlamenten sitzen?

Eine Lücke in unserem Umgang mit staatlicher Macht zeigt sich allerdings, wenn wir den Einfluss auf Entscheidungen von Regierung und Parlament zum Maßstab machen: Ende Gelände hat zwar dazu beigetragen, die gesellschaftliche Debatte zum Kohleausstieg voranzutreiben, politischen Druck aufzubauen und immer mehr zu thematisieren, was die Ursachen für die Klimakrise sind. Trotzdem können wir bisher keine nennenswerten realpolitischen Erfolge verzeichnen. Der gesellschaftliche Druck hat den Staat nicht zu ernsthaftem Handeln zwingen können. In den Befriedungsmechanismus Kohlekommission wurden nur einige → NGOs am Rande eingebunden, doch selbst hinter deren Einigung fiel die Regierung mit einem fadenscheinigen Kohle»ausstiegs«gesetz in klimapolitischer Hinsicht noch weit zurück.

Die entschiedene Distanz zu offiziellen Politikprozessen bleibt also ein zweischneidiges Schwert – hilfreich für die Entwicklung einer eigenen Dynamik, weniger hilfreich dabei, eigene Forderungen (wie z. B. Kohleausstieg) durchzusetzen. Das macht die Frage, ob und wie tatsächlich Einfluss auf den Staat ausgeübt werden kann, umso dringender. Das betrifft nicht nur Ende Gelände, sondern die gesamte Klimabewegung: Selbst als im September 2019 1,4 Millionen Menschen bundesweit die Forderungen von Fridays for Future auf die Straße trugen, sind diese nicht in den Parlamenten angekommen. Umfassende und realpolitische Erfolge sind angesichts der Klimakatastrophe aber jetzt nötig. Ohne Teilerfolge könnte es schwierig werden, Aktivist*innen zu motivieren, weiterhin in der Klimabewegung aktiv zu sein. Mit dieser Frage sollten wir uns auch als Ende Gelände weiterhin beschäftigen und dabei nicht nur von Aktion zu Aktion denken.

Bislang sind unsere Strategien gesellschaftlicher Veränderung vage geblieben. In der Öffentlichkeitsarbeit verwiesen wir auf »Handarbeit«, in internen Debatten wird manchmal NGOs die Rolle zugesprochen, sich um die Realpolitik zu kümmern. Die Hoffnung darauf, durch gesellschaftlichen Druck konkrete Reformen zu erreichen, hat sich zumindest im Falle der Kohlekommission nicht verwirklicht. Doch wie der sogenannte Kohlekompromiss zeigt, reicht es nicht, nur Druck aufzubauen: Keine der dort vertretenen NGOs fühlte sich an die Perspektiven der Klimagerechtigkeitsbewegung gebunden, aber die Einbindung von NGOs erweckte gesellschaftlich den Eindruck, dass ein Kompromiss den Konflikt aufgelöst habe.

Unsere Position ist jedoch, dass das Klima nicht verhandelt werden kann. Entweder, wir überschreiten Kipppunkte im Klimasystem, oder eben nicht. Und vor allem sind Kompromisse aus Klimagerechtigkeitsperspektive nicht legitim, wenn sie die Stimmen und Bedürfnisse derjenigen, die schon heute und absehbar in Zukunft am meisten unter der Klimakrise leiden (werden), überhaupt nicht berücksichtigen. Der deutsche Kohleausstieg betrifft eben nicht nur Energiekonzerne, regionale Arbeitsplätze und »unsere« (national gedachte) Zukunft, sondern auch massiv Menschen im → Globalen Süden. Dies wurde in den Verhandlungen der Kohlekommission jedoch weder gehört noch aufgegriffen. Wie können wir in Zukunft verhindern, dass sich ähnliche Probleme bei einer Kommission beispielsweise zum Thema Mobilität wiederholen?

Was nun? – Anstoß für eine Staatsdebatte in der Klimagerechtigkeitsbewegung

Die Debatte über den Umgang mit dem Staat hat in der Geschichte linker Bewegungen zu vielen Spaltungen zwischen Reformist*innen, Anarchist*innen und Kommunist*innen geführt. Auch die oben gezeichneten Strömungen in Ende Gelände lassen sich auf diese historischen Grundansätze rückbeziehen. Trotzdem denken wir, dass es wichtig ist, eine Debatte über unterschiedliche Theorien gesellschaftlichen Wandels zu führen. Nach unserer Einschätzung können dabei gerade die unterschiedlichen Strömungen in Ende Gelände dazu beitragen, einen angemessenen Umgang mit dem Staat zu finden.

Der Pragmatismus der ersten Strömung könnte zu Strategien beitragen, die den Druck aus sozialen Bewegungen in Teilerfolge (z. B. in Form von Gesetzesänderungen) übersetzen. Dabei muss neben der Gefahr der Vereinnahmung durch Gremien wie die Kohlekommission auch das Verhältnis zu Parteien geklärt werden. Gerade erhalten die Grünen durch die Mobilisierungen der Klimagerechtigkeitsbewegung Aufschwung. Sie erzielen Wahlerfolge, und immer mehr Aktivist*innen aus der Bewegung ziehen in Parlamente ein. Während die einen hoffen, dass die Grünen uns diesmal nicht enttäuschen, sehen andere dies aufgrund von Erfahrungen in der Vergangenheit kritisch. In den 80ern hatten auch eher staatskritisch eingestellte Gruppen und Aktivist*innen die Vorstellung, dass die Grünen der parlamentarische Arm der Bewegung sein könnten. Trotz anfänglicher Bemühungen, z.B. mit Rotationsprinzipien formalen Hierarchien in der Partei entgegenzuwirken, ist diese Strategie an den strukturellen Grenzen des Parlamentarismus gescheitert. Seitdem gibt es keine wirklich neuen Konzepte, wie wir als Bewegung mit dem folgenden Widerspruch umgehen: Auf der einen Seite ist klar, dass sich innerhalb der Grenzen des parlamentarischen Systems keine Klimagerechtigkeit schaffen lässt. Auf der anderen Seite ist es notwendig, Teilerfolge bereits im bestehenden System abzusichern. Statt die Fehler der Vergangenheit zu wiederholen, muss sich die erste Strömung auf die Suche nach neuen realpolitischen Ansatz- und Übersetzungspunkten und nach einem neuen Verhältnis zu Parteien und anderen politischen Institutionen machen. Dabei muss sichergestellt werden, dass das Standbein der Bewegung klar außerhalb der Parlamente bleibt und wir lediglich mit unserem Spielbein in die festgefahrenen Strukturen treten.

Dabei könnten folgende Leitfragen anregend sein: Wie könnte eine Art außerparlamentarische Opposition mit staatlichen Institutionen verhandeln, ohne unverhandelbare Forderungen wie die der Klimagerechtigkeit aufzugeben? Wie könnte dies im Einklang mit unseren basisdemokratischen Prinzipien geschehen? Wie könnten darin Stimmen aus dem Globalen Süden, die in der Logik von Staaten immer wieder mundtot gemacht werden, hörbar werden? Wie können wir dafür sorgen, dass auch bei Verhandlungen der Druck, den wir aufgebaut haben, bestehen bleibt?

Die zweite Strömung kann mit ihrer ablehnenden Haltung zum Staat als Gegengewicht wirken und dazu beitragen, dass die nötige Skepsis gegenüber der Vereinnahmung durch staatliche Strukturen erhalten bleibt und dass unser Schwerpunkt der Aufbau von Strukturen jenseits des Staates bleibt. Diese Strömung kann Fragen danach aufwerfen, wie wir unsere hierarchiekritischen Organisierungsformen ausbauen können: Wie könnte eine Organisierung mit etwa 10.000 oder 100.000 Aktiven aussehen? Wie können Strukturen aussehen, von denen wir selbst überzeugt sind? Die uns helfen, langfristig widerständig zu sein und das gute Leben für Alle im Hier und Jetzt schon erlebbar zu machen? Wie können dadurch auch revolutionäre Perspektiven auf eine ganz andere Gesellschaft sichtbar werden?

Die dritte Strömung kann nicht nur zwischen den ersten beiden vermitteln, sondern auch das Augenmerk auf den Aufbau gesellschaftlicher Gegenmacht lenken. Je stärker wir als gesellschaftliche Kraft sind und je mehr Menschen wir hinter der Forderung nach einem Systemwandel versammeln, desto eher können wir nämlich unsere Interessen auch gegen die Macht von Institutionen durchsetzen. Wichtige Fragen aus dieser Perspektive sind also, wer die Basis unserer Gegenmacht ist und wie sie ausgebaut wird. Wie können wir uns außerhalb der Klimabewegungs»blase« mit anderen verbinden, die soziale Veränderung wollen? Wie kann eine basisdemokratische Organisierung mit ihnen aussehen? Wie können diese Bündnisse eine Durchsetzungsmacht entwickeln, die auch bleibt, wenn die Regierung versucht, uns durch Kommissionen zu vereinnahmen?

All diese Fragen können aus unserer Sicht besonders gut im Austausch zwischen den Strömungen beantwortet werden, da gerade die Unterschiede zwischen den Positionen neue Perspektiven ermöglichen. Gleichzeitig ergibt sich die effektivste Strategie nicht einfach aus der Summe der oben skizzierten Ansätze. Es gibt Gründe dafür, dass die beschriebenen Strömungen historisch und auch aktuell immer wieder im Streit miteinander liegen: Ihnen liegen teilweise sehr unterschiedliche Gesellschaftsanalysen zugrunde und die Strategien, die sie aus diesen Analysen ableiten, sind nicht einfach so miteinander vereinbar oder in eine fruchtbare »Arbeitsteilung« zu bringen. Dennoch kann eine intensive Auseinandersetzung dieser Strömungen untereinander helfen, Leerstellen und Grenzen jeder dieser Strömungen aufzuspüren, überlieferte Handlungsansätze und Rhetorik zu hinterfragen und neue, an die aktuellen Bedingungen angepasste Ansätze zu entwickeln.

Wir hoffen, dass wir mit diesem Text Lust machen konnten, über den Umgang mit dem Staat in der Ende-Gelände-Ortsgruppe, bei Aktionen oder auf Veranstaltungen und mit Freund*innen zu diskutieren. Und wir würden uns freuen, wenn diese Debatten dazu beitragen, Auswege aus alten Zwickmühlen zu finden und neue Wege zum guten Leben für alle zu bahnen.

Blick in eine mögliche Zukunft

Wie wir den *system change* erreichen könnten

Von Jojo, Julia und Valli

In den letzten Kapiteln haben wir viel über unsere Ziele einer klimagerechten und solidarischen Gesellschaft geschrieben und haben einige unserer Strategien, um Zwischenziele dorthin zu erreichen, skizziert. Die Frage aber, wie wir die ganz andere Gesellschaft erreichen wollen, ist eine, auf die auch wir keine einfachen Antworten haben. Denn so sehr wir eine andere Gesellschaft wollen, liegt es doch nicht nur in unserer Hand, ob und wie wir sie erreichen. Es hängt auch davon ab, wer diesen Weg mit uns gehen möchte und wer entgegengesetzte Interessen verfolgt. Wer vielleicht das Ziel mit uns teilt, aber andere Wege verfolgt, und ob diese Wege sich ergänzen.

Dennoch wollen wir an dieser Stelle wagen zu skizzieren, wie das, was wir tun, zu einer grundlegenden Gesellschaftsveränderung, zu einem *system change*, beitragen könnte. Dabei ist uns wichtig, dass der Text als Diskussionsbeitrag der Autor*innen des Artikels und nicht als fertiges Kochrezept von Ende Gelände für einen Systemwandel verstanden wird.

Wie in dem Kapitel zur Klimagerechtigkeit (»*What do we want? Climate justice!*«) beschrieben, geht es uns um eine

Gesellschaftsveränderung hin zu einer klimagerechten Welt. Dieser stehen Kapitalismus, Kolonialismus, → Rassismus, das → Patriarchat und andere → Herrschaftsverhältnisse entgegen. Und der Staat hält Ausbeutungsverhältnisse eher aufrecht, als dass er sie zu überwinden hilft. Wie also könnten wir dazu beitragen, dass sich die Situation grundlegend ändert?

Kann unsere Aktions-Strategie zu einer grundlegenden Gesellschaftsveränderung beitragen, wenn wir sie in einer anderen Größenordnung denken? Was müssten wir verändern? Welche Vorbedingungen sind nötig, damit eine grundlegende Gesellschaftsveränderung gelingen kann? Und wie müssten sich die Stärken von verschiedenen Akteur*innen ergänzen, damit wir diese Vorbedingungen schaffen? Wie sieht die Transformation aus? Ist sie ein Wirbelwind oder ein Prozess? Und was kommt danach?

In unseren Aktions-Strategien spielen die Beeinflussung der öffentlichen Diskussion und die unmittelbaren materiellen Auswirkungen unserer Aktionen eine große Rolle. Gesellschaftliche Unterstützung für unser Anliegen ermöglicht nämlich erst die langfristige Veränderung der Gesellschaft. Analog dazu hat Bill Moyer, ein Anti-Atom-Aktivist aus den USA formuliert, dass wir die Öffentlichkeit davon überzeugen müssen, dass es 1) ein Problem gibt, 2) die bestehenden Institutionen nicht in der Lage sind, es zu lösen, und 3) die Bewegungsalternativen zu bevorzugen sind.[94] Doch im Diskurs, also der öffentlichen Debatte zu gewinnen, reicht nicht aus, damit sich grundsätzlich etwas ändert. Dies mussten wir bitter beim Kohleausstiegsgesetz feststellen, bei dem es massive öffentliche Unterstützung für deutlich drastischere Maßnahmen gab, als das Ergebnis der sog. → Kohlekommission beinhaltete (siehe hierzu auch den Artikel *Staat: Ende Gelände mit dem Staat?*).

Eine der Stärken von Aktionen zivilen Ungehorsams, an denen viele Leute sich beteiligten, ist es, dass sie es schaffen können, die Gegenseite in eine Dilemma-Situation zu bringen. Damit ist eine Situation gemeint, in der die Gegenseite nur für sie schlechte Handlungsoptionen hat: Als wir 2015 das erste Mal eine Grube im rheinischen Braunkohlerevier besetzten, versuchten Polizei und RWE mit solch unverhältnismäßigen Mitteln, uns davon abzuhalten, dass es danach eine öffentliche Empörungswelle gab. Als die Polizei uns 2016 in der Lausitz weitestgehend ungehindert Kohlebahnen und Kohlegruben besetzen ließ, konnten wir eines der Kraftwerke von der Kohlezufuhr abschneiden. In beiden Fällen konnten wir einen Erfolg verbuchen: In einem Fall ließ die Polizei uns gewähren und wir konnten damit der Zerstörung zeitweilig Einhalt gebieten, im anderen hielten sie uns von unserer Aktion ab und es wurde dabei offensichtlich, wie sich die Polizei für die Zerstörung unserer Zukunft einsetzt (zu weiteren Details siehe den Artikel *Nicht legal, aber legitim: unser ziviler Ungehorsam*). Diese Dilemma-Strategie könnte auch für einen gesellschaftlichen Systemwandel noch relevant werden – aber der Reihe nach: Während für uns der Konflikt um die Kohle immer eine Art und Weise war, den Kampf für Klimagerechtigkeit konkret zu machen, wurde in den Jahren 2015 bis 2017 öffentlich vor allem über Kohleausstieg diskutiert. Erst 2018/2019 haben wir es geschafft, die Notwendigkeit einer grundlegenden Gesellschaftsveränderung stärker in die öffentliche Debatte zu tragen. Als breite Teile der Öffentlichkeit bereits für einen schnellen Kohleausstieg waren, die Dringlichkeit der Klimakrise öffentlich diskutiert wurde, sich an den politischen Entscheidungen aber einfach nichts änderte, tat sich allmählich ein Fenster auf: Wir konnten darüber sprechen, dass es etwas mit der Grundstruktur von kapitalistischer und →neokolonialer Ausbeutung von Mensch und Natur zu tun hat, wenn Braun- und Steinkohle-Kraftwerke nicht einfach abgeschaltet werden.

Dass Staaten seit über 30 Jahren nicht in der Lage sind, sich verbindlich auf ein Emissionsreduktionsziel zu einigen, das unseren Planeten für Menschen bewohnbar erhält, liegt ja nicht einfach an der Unfähigkeit von Politiker*innen, sondern daran, dass unsere Gesellschaftsstrukturen grundlegend auf neokolonialer, kapitalistischer und patriarchaler Ausbeutung beruhen. Die Dringlichkeit der Klimakrise stellt diese Ausbeutung zunehmend in Frage – oder wie Peter Altmaier sagen würde: »Ohne Erdgas geht die Industrie in Europa kaputt.«

Connecting movements – soziale Bewegungen verbinden

Wenn wir davon ausgehen, dass Klimakrise, Patriarchat, Neokolonialismus und kapitalistische Ausbeutung zusammenhängen und nicht getrennt voneinander zu lösen sind, bedarf es offensichtlich einer Bewegung, in der die Klimagerechtigkeitsbewegung, die feministische Bewegung, die antirassistische und → antikoloniale Bewegung als antikapitalistische Bewegungen gemeinsam handeln. Dabei sollte es nicht darum gehen, Perspektiven oder Strategien gegeneinander zu diskutieren, sondern sich auf das Gemeinsame zu konzentrieren: auf die Frage, wie wir ein *movement of movements*, also eine Bewegung der Bewegungen werden können.

Es gibt unterschiedliche Formen oder Stufen der Solidarität zwischen Bewegungen. Der erste Schritt der Solidarität ist wohl, dass wir einander zuhören, dass wir unser Wissen und unsere Perspektiven in Workshops und Büchern miteinander teilen. Wir wissen jeweils voneinander, dass es uns gibt, und das ist eine Voraussetzung für die zweite Stufe, in der wir einander aktiv unterstützen. Dies kann unterschiedliche Formen annehmen: Wir können Ressourcen wie Räume, Geld und Fähigkeiten teilen, zum Beispiel indem wir aus der Klimagerechtigkeitsbewegung unsere Fähigkeiten in der Pressearbeit zur Verfügung stellen oder unsere Medienreichweite nutzen, um auch andere Themen sichtbar zu machen. Dies führt uns zur dritten Stufe, in der wir einander bei unseren jeweiligen Aktionen praktisch unterstützen. Etwa indem Ende Gelände zu einer antifaschistischen Blockade (z. B. 2018 in Berlin/2019 in Erfurt) beiträgt oder es einen antikolonialen → Finger bei Ende Gelände gibt. Diese Stufe der Solidarität haben wir in den letzten Jahren immer wieder gelebt. Wichtig ist auch, einander zu unterstützen, wenn Bewegungen Repression erfahren (siehe dazu auch den Artikel *Uns vom Gegenwind nicht aufhalten lassen: (Anti-)Repression bei Ende Gelände*).

Wenn wir das weiterdenken, kommen wir zum nächsten Schritt, dem gemeinsamen Kämpfen, d. h. beispielsweise Aktionen gemeinsam zu planen und durchzuführen. Wir können in unseren Aktionsformen und -zielen das Gemeinsame suchen. Dafür ist es wichtig, dass unsere gemeinsamen Aktionen sich inhaltlich auf die Themen der beteiligten Bewegungen beziehen und diese in den Aktionen sichtbar werden. Dies kann zum Beispiel passieren, wenn wir als Klimagerechtigkeitsbewegung und als antikoloniale Bewegung gemeinsam Knotenpunkte der globalen (fossilen) Logistik blockieren und dabei sowohl über die Klimakrise als auch über neokoloniale Strukturen sprechen.

Bei solchen gemeinsamen Aktionen werden wir vermutlich stets vor der Herausforderung stehen, wie wir es schaffen, dass alle Beteiligten in ähnlicher Weise gehört werden. Dafür müssen wir es auch jeweils als Bewegungen an den Punkt schaffen, an dem wir die Öffentlichkeit überzeugen, dass es ein Problem gibt, das die herrschenden Institutionen nicht zu lösen in der Lage sind. Um an diesen Punkt zu kommen, bedarf es der Solidarität und der gegenseitigen Unterstützung, dafür müssen wir unsere Stärken miteinander teilen.

Bewegungen miteinander zu verbinden erfordert als Haltung, sich auf die Verbindung von Bewegungen zu orientieren, einander zuzuhören und zu respektieren und offen zu bleiben für Kritiken aus anderen Bewegungen. Wir können viel voneinander lernen, wenn wir uns gegenseitig auf unsere blinde Flecken aufmerksam machen und bereit sind diese zu bearbeiten. Wie schon in dem Artikel zur Gruppenkultur (*Im Konsens entscheiden, feiern, voneinander lernen*) beschrieben: Lasst uns von den → Zapatistas lernen und fragend voranschreiten!

Vereinzelt können Forderungen unserer Bewegungen vereinnahmt werden. Kapitalismus lässt sich mit Elektroautos grün anstreichen, während er weiterhin auf neokolonialer und patriarchaler Ausbeutung beruht. Auch Forderungen anderer Bewegungen können durch die Herrschenden aufgegriffen werden, um die Bewegung zu befrieden. Nur wenn wir gemeinsam deutlich machen, dass es uns ums Ganze geht, können wir Vereinnahmung und Befriedung entgegenwirken. Und wenn wir deutlich machen, dass unsere Kämpfe zusammengehören, dann kann in unseren gemeinsamen Gegenentwürfen eine ganz andere Welt sichtbar werden.

System change

Wie aber erreichen wir eine solche feministische, antirassistische, klimagerechte, solidarische Gesellschaft? Wie kommen wir zu einem Systemwandel und dem guten Leben für alle?

Zur Frage, wie sich Gesellschaften verändern lassen, führen linke Bewegungen schon sehr lange leidenschaftlich Debatten. Grob lassen sich die Ansätze in drei Bereiche aufteilen: Reform, Bruch oder Revolution und Aufbau von Alternativen.

Auch bei Ende Gelände sind wir uns dazu nicht in allen Punkten einig. Die Debatte bewegt sich aber in einem gewissen Bereich. So sollten Reform-Forderungen aus unserer Sicht einen utopischen Überschuss beinhalten, um zu einer grundlegenden Gesellschaftsveränderung beizutragen. Anders gesagt sollten politische Forderungen bereits ein Stückchen des ganz großen Anderen beinhalten, für das wir streiten. Unsere Forderungen sollten zudem unsere kollektive Handlungsfähigkeit verbessern, um eine Gesellschaft jenseits von Ausbeutung zu schaffen. Alternativen sollten möglichst →basisdemokratisch, solidarisch, ökologisch und gleichberechtigt sein. Und auf auftretende Brüche sollten wir möglichst in einer Art und Weise reagieren, dass das daraufhin neu Entstehende stärker in Richtung einer klimagerechten, solidarischen Welt geht.

Häufig werden unterschiedliche Ansätze gegeneinander diskutiert. Und in der Tat können sich aus den unterschiedlichen Ansätzen auch Handlungsweisen oder Folgen ergeben, die sich gegenseitig im Weg stehen und füreinander nicht hilfreich sind. Wer den ganzen Tag mit dem Aufbau einer Genossenschaft beschäftigt ist, hat vielleicht keine Zeit mehr für Protest, ein fauler Kohlekompromiss nimmt Schwung aus der Bewegung und ein unvermittelt brennender Bagger schreckt vielleicht Leute von der Teilnahme an einer Demonstration ab.

Im besten Falle kann jedoch der Aufbau von solidarischen Landwirtschaften, Energie- oder Wohnungsgenossenschaften die Mehrheit der Menschen davon überzeugen, dass die von sozialen Bewegungen entwickelten Alternativen besser sind, und die Grundlage dafür schaffen, dass Menschen mehr Zeit für Widerstand haben, weil sie für die Erfüllung ihrer Grundbedürfnisse weniger auf Lohnarbeit und Geld angewiesen sind. Eine soziale Bewegung kann Land besetzen, um damit nicht nur Widerstand gegen dessen Zerstörung zu leisten, sondern auch, damit eine solidarische Landwirtschaft dort Gemüse anbauen kann. Und sie kann politischen Druck erzeugen, um bessere Rahmenbedingungen für Kooperativen und Genossenschaften zu erreichen. In Kleingruppen und mit technischen Hilfsmitteln ein Kraftwerk dazu zu bringen, seine Leistung herunterzufahren, kann inspirieren und Mut machen und die Grenze dessen verschieben, was Menschen sich zutrauen.

Aber wie können unterschiedliche Ansätze nicht nur positive Wechselwirkungen entfalten, sondern auch die Chancen für einen Systemwandel verbessern?

Stellen wir uns vor …

… dass wir uns als verschiedene soziale Bewegungen zu einer Bewegung der Bewegungen zusammengetan haben,

… dass wir die öffentliche Debatte darüber geführt und gewonnen haben, so dass sich viele einig sind, dass es so nicht weitergehen kann mit Klimakrise, (Neo-)kolonialismus, → Patriarchat und Kapitalismus,

… dass offensichtlich geworden ist, dass die Herrschenden weder willens noch in der Lage sind, diese Probleme zu lösen, da das derzeitige Gesellschaftssystem grundlegend auf diesen Ausbeutungsmechanismen beruht,

… dass es allgemein anerkannt ist, dass Gemeingüter (Commons), solidarische Ökonomie, Basisdemokratie und Gleichberechtigung im Vergleich zum Kapitalismus die viel attraktiveren Antworten auf die Frage sind, wie wir leben und uns gesellschaftlich erhalten (also für die Frage der gesellschaftlichen Reproduktion),

dann erst kann eine Dilemma-Strategie auch auf einer höheren Ebene ihre volle Wirkung entfalten.

Im Kleinen, bei einzelnen Aktionen, führt die Dilemma-Strategie dazu, dass wir entweder den reibungslosen Ablauf der kapitalistischen Zerstörung unterbrechen oder die Herrschenden als ihre Handlanger bloßstellen können. Damit gelingt es im besten Fall, die Zerstörung entweder direkt aufzuhalten oder die Herrschenden zu Zugeständnissen zu zwingen.

Stellen wir uns jetzt vor, wir schaffen es mit unseren Forderungen nach radikalen Reformen, den Ansatz einer ganz anderen Gesellschaft greifbar werden zu lassen. Stellen wir uns vor, es gelingt uns, über Aktionen den großen Konflikt um die Frage, wie wir leben wollen, zuzuspitzen und Druck aufzubauen. Wir betonen dabei die nötige Neuverfassung der Welt, legen uns aber nicht ganz fest, welche der Strategien – Bruch, Reform und Alternativen aufbauen – wir wählen, sondern betonen alle drei. Möglicherweise bringen wir dadurch die Gegenseite in ein Dilemma, eine Zwickmühle auf höherer Ebene: Entweder sie machen uns ernstzunehmende Zugeständnisse und erweitern damit unsere Handlungsfähigkeit, eine andere Gesellschaft aufzubauen. Oder sie blockieren weiter einen Prozess grundlegender gesellschaftlicher Veränderung trotz seiner für alle offensichtlichen Notwendigkeit. Dadurch erscheint das bestehende System insgesamt zunehmend als unfähig und illegitim; die Vorbedingungen für Brüche und grundlegende Veränderungen entstehen. Wenn wir uns in einer solchen Situation massenhaft der Fortsetzung von Zerstörung und Ausbeutung in den Weg stellen, bleibt nur noch die autoritäre Durchsetzung des Bestehenden. Diese wird aber schwierig oder unmöglich, wenn wir gleichzeitig breite öffentliche Unterstützung für unsere Forderung nach einer ganz anderen Gesellschaft haben.[95]

In einer solchen Situation ist eine ganz andere Gesellschaft nicht mehr nur eine Frage des Ob, sondern eine Frage des Wie. Wenn die breite Öffentlichkeit sich der Alternativen bewusst ist und eine andere Gesellschaft will, dann öffnet sich durch diese Dilemma-Strategie der Raum für die Frage: grundlegende Reform oder Neuschaffung einer anderen Gesellschaft? Beide Wege können uns dem Ziel näher bringen und die Verweigerung des Einen eröffnet den Raum für das Andere. Dann sind die (oder einige der) notwendigen Bedingungen für eine grundlegende Änderung unserer Lebens- und Reproduktionsweise erfüllt und der Prozess gesellschaftlicher Veränderung kann richtig Fahrt aufnehmen. Eine Mischung aus Reformen und Brüchen, ein Entstehen von neuen Institutionen und Überwinden von überkommenen autoritären Strukturen wird möglich.

Wir befinden uns möglicherweise am Anfang dieses Prozesses. Wie er ausgeht, werden wir erst im Rückblick beantworten können, denn ob sich Möglichkeiten verwirklichen, hängt (auch) von uns ab. Gemeinsam können wir eine ganz andere Welt erstreiten – lasst uns zusammen Teil der Bewegung werden, die alle zerstörerischen und unterdrückerischen Verhältnisse überwindet. *Let's be careful with each other so we can be dangerous together* – lasst uns umsichtig zueinander sein, damit wir gemeinsam gefährlich sein können.

Glossar

In diesem Glossar erklären wir, wie wir bestimmte Begriffe verstehen, die wir im Buch verwenden.

5-Finger-Taktik Sie ermöglicht es Gruppen von Aktivist*innen, sich auf ihrem Weg zu Blockadepunkten nicht von der Polizei aufhalten zu lassen, indem sie sich bei Bedarf in Untergruppen, sogenannte »Finger«, aufteilen.

Ableismus Diskriminierung von Menschen aufgrund körperlicher und/oder geistiger Fähigkeiten.

Alman ist ein neutrales, manchmal auch abwertendes Wort, um die »Deutschen« der Dominanzgesellschaft zu bezeichnen. Sie verhalten sich dem deutschen Stereotyp entsprechend. Das bedeutet z. B., Fabian oder Annika zu heißen, geizig zu sein, kein*e gastfreundliche*r Gastgeber*in zu sein, alles zu ernst zu nehmen, gerne zu campen, sich jedes Wochenende mit Bier zu betrinken, Birkenstocks zu tragen, Vorurteile gegenüber Nicht-Deutschen zu hegen usw. Nicht alle Deutschen sind Almans, aber alle Almans sind deutsch. Es gibt keinen Rassismus gegen Almans, aber alle Almans sind rassistisch.

antikolonial Widerstand gegen Kolonialismus und dessen Kontinuitäten.

Awareness bedeutet ein Bewusstsein für Diskriminierungen. Awareness-Strukturen sind Gruppen oder Personen, die angesprochen werden können, um Menschen zu unterstützen, die von Diskriminierung betroffen sind, und eine Bearbeitung von Konflikten zu begleiten.

Basisdemokratie ist eine Form der direkten Demokratie von unten, die anders als die gegenwärtige parlamentarische Demokratie nicht auf Repräsentant*innen setzt. Stattdessen sollen alle, die von den Konsequenzen einer Entscheidung betroffen sind, diese gemeinsam treffen. Oft wird dabei eine Entscheidungsfindung im Konsens angestrebt, d. h. eine Entscheidung, die alle Beteiligten mittragen können.

BIPoC/Black, Indigenous, People of Colour Menschen, die verschiedenen Formen von Rassismus ausgesetzt sind. Es handelt sich dabei um politische Selbstbezeichnungen, die aus dem Widerstand gegen Rassismus entstanden sind.

Care-Arbeit steht für alle Tätigkeiten der Fürsorge, des Pflegens, des Sich-Kümmerns und des Erhalts des Lebens. Also zum Beispiel Essen kochen, Kranke pflegen, Kinder erziehen etc. Häufig werden diese Tätigkeiten von Frauen* übernommen, nicht entlohnt und gering wertgeschätzt, obwohl sie die Grundlage allen Lebens darstellen.

Cis-Männer/cis-männlich Der Begriff cis-geschlechtlich beschreibt alle Menschen, deren Gender (geschlechtliche Identifikation) mit dem bei der Geburt zugewiesenen Geschlecht übereinstimmt. Das ist beispielsweise ein Mensch, von dem bei der Geburt gesagt wurde »Es ist ein Junge!« und der sich selbst als Mann wahrnimmt und bezeichnet. Cis-Männer wachsen in der Regel mit anderen Erfahrungen auf als Trans-Männer. Der Begriff benennt die oft nicht benannte Norm.

of Colour siehe BIPoC

Degrowth (auf Deutsch etwa: rückläufiges Wachstum) kritisiert die Logik des ständigen Wachstums im Kapitalismus und strebt eine Gesellschaft an, die nicht mehr auf Wachstum von Produktion und Konsum basiert.

emanzipatorischer Protest Protest, der auf die Befreiung von Unterdrückungsverhältnissen zielt.

Epistemizid bezeichnet das systematische Auslöschen von Wissen marginalisierter oder von rassistischer Diskriminierung betroffener Gruppen, speziell im Kontext der Kolonialisierung. Ein Konzept des portugiesischen Soziologen Boaventura de Sousa Santos.

Finger siehe 5-Finger-Taktik.

First Nations Indigene Bewohner*innen kolonisierter Staaten, vor allem Nordamerikas.

FLINTA*/ Frauen* steht für Frauen, Lesben, Inter, Nonbinary, Trans, Asexuell, FLINTA* bezeichnet somit alle Menschen, die nicht cis-männlich sind.

Fracking ist eine Methode, um Gas oder Öl zu fördern, das schwer zugänglich ist. Dabei wird ein hoher Druck erzeugt, indem Wasser, gemischt mit Chemikalien, in die Erde gepresst wird. Fracking geht daher mit der Verschmutzung von Wasser und gesundheitlichen Risiken einher und kann Erdbeben verursachen. Außerdem dürfen aus Klimagerechtigkeitsperspektive all diese Öl- und Gasvorkommen nicht mehr gefördert werden, da ihre Verbrennung CO_2 ausstößt bzw. ihr Transport Methan freisetzt.

Genozid bedeutet »Völkermord« und beschreibt die Verfolgung und das gezielte Auslöschen von Bevölkerungsgruppen.

Global Justice Bewegung für globale Gerechtigkeit; Global Justice ist ein Netzwerk sozialer Bewegungen, die globale Gerechtigkeit fordern.

Globaler Norden / Globaler Süden Globaler Süden und Globaler Norden sind keine rein geografisch gemeinten Begriffe, auch wenn viele Länder des Globalen Südens auf der Südhalbkugel liegen. Mit dem Globalen Norden sind die reicheren Länder der Welt gemeint, von denen viele vom Kolonialismus profitiert haben; mit dem Globalen Süden die ärmeren Länder, viele von ihnen frühere Kolonien. Dabei gibt es aber auch innerhalb der jeweiligen Länder ärmere und reichere Menschen.

Graswurzelbewegung kommt aus dem englischsprachigen *grassroots* und ist eine Metapher für Gruppen und Initiativen »von unten« bzw. »von der Basis«, die meist den Anspruch haben, sich nichthierarchisch zu organisieren.

Herrschaftsverhältnisse bezieht sich auf die Art und Weise der Beziehung(en) zwischen Herrschenden und Beherrschten. Gemeint sind damit alle Verhältnisse, die mit Macht und Herrschaft verbunden sind, d. h. sowohl beispielsweise strukturelle und materielle Verhältnisse als auch solche, die auf Diskriminierungsformen beruhen.

Homofeindlichkeit bezeichnet eine gegen lesbische und schwule Menschen gerichtete Ablehnung oder Feindlichkeit.

Imperialismus beschreibt die Versuche von Staaten, andere Länder zu unterwerfen, um den eigenen Einfluss zu erhöhen. Das Zeitalter des Imperialismus bezeichnet die Hochphase des Kolonialismus, während der ganz Afrika unter europäischer Gewalt stand.

Inklusion/inklusiv beschreibt den Einschluss oder die Einbeziehung von Menschen in die Gesellschaft. Der Begriff wird als Weiterentwicklung von Integration benutzt. In Abgrenzung zum Begriff der Integration wird bei der Inklusion die Verschiedenheit anerkannt und respektiert, während es bei der Integration darum geht, dass sich Gruppen der Kultur der dominanten Gruppe anpassen.

Intersektionalität/intersektional Das Konzept der Intersektionalität wurde seit den 1960er Jahren in Diskussionen des Schwarzen Feminismus entwickelt und geht zurück auf das Manifest des »Combahee River Collective«. Intersektionalität versucht die Verschränkung verschiedener Diskriminierungserfahrungen zu beleuchten. So machen z. B. Schwarze Frauen spezifische Diskriminierungserfahrungen, die weder *weiße* Frauen noch Schwarze Männer machen.

Klassismus Diskriminierungen aufgrund von (zugeschriebener) Klassenzugehörigkeit bzw. sozio-ökonomischem Status.

Klima-Alman Klima-Alman ist eine Wortneuschöpfung von Zade Abdullah und bezeichnet Almans, die in der Klimagerechtigkeitsbewegung aktiv sind. Viele Klima-Almans kommen aus einem bürgerlichen Elternhaus und sind sich ihrer maximal privilegierten Positionierung nicht bewusst. Klima-Almans inszenieren sich oft als gebildete Klimaretter*innen und verhalten sich dabei so diskriminierend, dass sich rassifizierte Klimaaktivist*innen in gemeinsamen Gruppen unwohl fühlen. Klima-Almans bemerken selten, dass sie Ausschlüsse produzieren, und wenn man sie darauf hinweist, gibt es nach dem fragilen Aufschrei oft keine angemessene Aufarbeitung oder gar einen strukturellen Wandel. Sie sind der Grund dafür, dass zahlreiche BIPoC-Aktivist*innen aus der Bewegung aussteigen.

Kohlekommission Die Kohlekommission (eigentlich Kommission für Wachstum, Strukturwandel und Beschäftigung) wurde 2018 von der Bundesregierung als Beratungsgremium eingesetzt, um über den Kohleausstieg und den Strukturwandel in den Braunkohlerevieren zu beraten. Die Kommission hat sich unter anderem auf den Kohleausstieg bis 2038, 40 Milliarden Euro für die betroffenen Regionen und den Erhalt des Hambacher Forstes verständigt.

Maafa Swahili für »große Katastrophe«. Es ist ein selbstbestimmter Begriff der Betroffenen, um den kolonialen Ausdruck »transatlantischer Versklavtenhandel« nicht mehr benutzen zu müssen.

marginalisierte Menschen Menschen, die gesellschaftlich an den Rand gedrängt werden, meist aufgrund von Gruppenzugehörigkeiten, wie z. B. Schwarze Menschen, Menschen mit Behinderung, Wohnungslose.

light-skin bezeichnet den helleren Hautton einer rassifizierten Person. Durch *colourism* (soziale Aufwertung durch Nähe zu *weißer* Norm) erfährt diese Person gesellschaftliche Vorteile gegenüber rassifizierten Menschen mit dunklerer Haut, deren Hautton mehr Abwertung erfährt.

neokoloniale Struktur / Neokolonialismus verweist auf das Fortdauern von kolonialen Strukturen nach dem formalen Ende der Kolonialbeziehung. Es handelt sich zum Beispiel um Neokolonialismus, wenn ein ehemals kolonisierender Staat des Globalen Nordens auf günstige Arbeitskräfte oder Ressourcen eines ehemals kolonisierten Staates des Globalen Südens zugreift oder davon profitiert, dass dessen wirtschaftliche oder politische Lage aufgrund von jahrhundertelangem Kolonialismus instabil ist, aber auch, wenn Hilfsgelder durch Staaten oder Hilfsorganisationen aus dem Globalen Norden kontrolliert werden, statt Reparationen für vergangene koloniale Ausbeutung zu zahlen.

Neoliberalismus In der politischen Ideologie des Neoliberalismus wurden alte Ideen des Wirtschaftsliberalismus neu gefasst. Zentraler Bestandteil ist beispielsweise die Vorstellung, dass der Staat die Wirtschaft nicht einschränken (sondern lediglich Eigentum und Profitmöglichkeiten sichern) soll, möglichst viele gesellschaftliche Bereiche der Logik des »freien Marktes« folgen sollen (wodurch vielerorts der Sozialstaat geschwächt wird) und die Verantwortung auf die Individuen abgewälzt wird, die nach unternehmerischer Logik agieren sollen. Der Neoliberalismus setzte sich insbesondere seit den 1990er Jahren politisch durch und führte zu einer Politik der Privatisierung, Deregulierung und Flexibilisierung.

NGO Nichtregierungsorganisation, z. B. Greenpeace, Campact.

Occupy Die Occupy-Bewegung protestierte mit Platzbesetzungen in vielen Ländern gegen die Auswirkungen der Finanzkrise von 2008, vor allem gegen die unregulierten Finanzmärkte. Höhepunkt der Bewegung war das Jahr 2011.

Ökozid bezeichnet die völlige Zerstörung von Ökosystemen insbesondere durch menschliches Handeln, welche historisch häufig mit negativen sozialen Folgen für Menschen des Globalen Südens einhergeht, etwa durch toxische Kampfstoffe, Gift oder Raubbau.

Patriarchat/patriarchal beschreibt ein gesellschaftliches System, das von Männern geprägt, kontrolliert und repräsentiert wird. Der Begriff wird insbesondere in der feministischen Bewegung und Theorie verwendet, um auf männliche Herrschaft und Unterdrückung der Frauen aufmerksam zu machen.

post-autonom Post-autonome, linksradikale Gruppen verstehen sich sowohl in Abgrenzung als auch verbunden mit der Autonomen Bewegung. Unterschiede sind vor allem die breitere und offene Organisierungsweise, breitere Bündnispolitik und öffentliches Auftreten mit Gesicht. Beispielhaft dafür ist die Interventionistische Linke, vermutlich lässt sich aber auch Ende Gelände als post-autonom beschreiben.

präfigurative Politik Präfigurativ meint in etwa vorweggreifend. Es geht also darum , das, was wir als Ziel anstreben, schon im Hier und Heute sichtbar zu machen/zu leben. Beispielsweise wollen wir eine solidarische Gesellschaft und versuchen deshalb, in unseren Gruppen möglichst solidarisch zu handeln.

queerfeministisch Feministische Strömung, die auf der Queer Theory aufbaut (z.B. Judith Butler) und für eine Überwindung des Patriarchats durch die Dekonstruktion von Geschlecht und Geschlechterrollen eintritt. Zentral ist, dass Geschlechter und Geschlechtszuschreibungen gesellschaftlich konstruiert sind und diese Konstruktionen ständig wieder reproduziert werden, weshalb ein Ansatz zur Überwindung der Geschlechterungleichheit auch darin besteht, in den Alltagspraxen diese konstruierten Normen zu dekonstruieren.

racial empathy gap beschreibt die rassistisch aufgeladene Empathielücke, die dazu führt, dass Menschen gegenüber W*eißen* mehr Mitgefühl zeigen als gegenüber BIPoC.

racial profiling bezeichnet das rassistische Agieren von Polizei- und Sicherheitsbeamt*innen, bei dem eine Person aufgrund von rassifizierenden Kriterien als »verdächtig« eingeschätzt wird, ohne eine »verdächtige« Handlung vollzogen zu haben. *Racial profiling* durch die Polizei passiert jeden Tag und hat oft schwerwiegende psychologische, finanzielle und physische Folgen für Betroffene.

Radikaldemokratie/radikaldemokratisch Radikaldemokratie meint eine radikale, d.h. an die Wurzel gehende Demokratie. Es sind Demokratietheorien, die sich gegen repräsentative Formen der Demokratie wenden und für eine tatsächliche Selbstbestimmung der Menschen und eine weitreichende Demokratisierung, d.h. die Überwindung von allen Formen von Herrschaft, stehen. Und das Politische gegenüber allen Versuchen der Einhegung verteidigen. Verwandte Konzepte sind die *direkte Demokratie, Basisdemokratie, Rätedemokratie* oder *Partizipatorische Demokratie.*

Rassismus bezeichnet die Abwertung und Benachteiligung von Menschen aufgrund ihrer (vermuteten) Herkunft, Hautfarbe, ethnischen oder kulturellen Zugehörigkeit. Menschen werden dabei aufgrund willkürlicher Kriterien in Gruppen eingeteilt und abgewertet. Hinzu kommt eine Durchsetzungsmacht, die eine gesellschaftliche Ungleichheit erzeugt. Rassismus ist ein System und als solches tief verankert in der modernen Weltsicht, entstanden zur »Legitimierung« kolonialer Gewalt. Rassismus reicht von Benachteiligungen bis zu physischer Gewalt und reproduziert sich auch in Alltagshandlungen.

sans papiers frz. für »ohne Dokumente« – beschreibt Menschen, die strukturell illegalisiert werden und deren Bewegungsfreiheit deswegen eingeschränkt wird. Ihnen wird aus rassistischen und klassistischen Gründen der Zugang zur Staatsbürger*innenschaft oder anderen Ausweis- oder Bleiberechtsdokumenten verwehrt.

Schwarze Menschen Der Begriff Schwarz wird oft als Selbstbezeichnung von Menschen afrikanischer und afro-diasporischer Herkunft, schwarzen Menschen, Menschen dunkler Hautfarbe und People of Colo(u)r gewählt. Das großgeschriebene »S« wird bewusst gesetzt, um eine sozio-politische Positionierung in einer mehrheitlich *weiß* dominierten Gesellschaftsordnung zu markieren und gilt als Symbol einer emanzipatorischen Widerständigkeitspraxis. Schwarz und *weiß* sind hierbei nicht als Hautfarben, sondern als soziale und politische Konstruktionen in einem globalen Machtgefüge zu verstehen. Siehe: *diversity-arts-culture.berlin/woerterbuch/schwarz*

Transfeindlichkeit bezeichnet die Diskriminierung von Menschen, die sich nicht mit dem Geschlecht identifizieren, welches ihnen bei der Geburt zugewiesen wurde. Dies äußert sich z.B. durch Ablehnung, Wut, Intoleranz, Vorurteile oder körperliche bzw. psychische Gewalt gegenüber Trans-Personen oder Menschen, die als trans wahrgenommen werden. Siehe: *queer-lexikon.net/2017/06/08/trans feindlichkeit*

Verwertungslogik, Verwertungszwang Der systematische wirtschaftliche Zwang im Kapitalismus, Prozesse und Objekte zu einem Wert, also zu Geld zu machen.

weiße* Menschen / *weiß*-sein / *whiteness Als *weiß* werden Menschen bezeichnet, die innerhalb eines rassistischen Systems eine Machtposition innehaben und von Privilegien profitieren; *weiß*-sein markiert diese privilegierte und dominante Position. Wie bei BIPoC geht es nicht um die Hautfarbe, sondern um eine historisch entstandene und sozial konstruierte Kategorie, die eine Positionierung innerhalb gesellschaftlicher Macht- und Ungleichheitsverhältnisse markiert. Die Positionierung erscheint oft als Norm und wird darüber unsichtbar. »*weiß*« wird klein und kursiv geschrieben und ist keine ermächtigende Selbstbezeichnung, sondern ein politischer Begriff zur Sichtbarmachung des rassistischen Unterdrückungssystems.

white saviourism beschreibt den kolonialrassistischen Mythos eines Erziehungsauftrags, der besagt, dass rassifizierte Menschen vor sich selbst gerettet werden müssten und durch »*weiße* Retter« »zivilisiert« werden. Das verbreitete »Nach-dem Abi-im-›Entwicklungsland‹-Brunnen-bauen-Phänomen« ist ein Beispiel.

white supremacy *weiße* Vorherrschaft.

Zapatistas Die Zapatistas sind eine indigene Bewegung aus dem Süden Mexikos. Sie erhoben sich 1994 gegen das Freihandelsabkommen NAFTA (zwischen Kanada, den USA und Mexiko), um ein Ende der Versklavung, der Ausbeutung und der Diskriminierung von Indigenen zu fordern. Im Zuge dessen besetzten sie Land und bauen dort bis heute ihre Autonomie auf. Siehe: *npla.de/lexikon /zapatistas*

Anmerkungen

1 Siehe: zeit.de/gesellschaft/zeitgeschehen/2018-09/rwe-hambacher-forst-konzernchef-maybrit-illner-rodung
2 Dieser Bericht wurde in englischsprachiger ungekürzter Fassung zuerst veröffentlicht unter: lessentiersdelutopie.wordpress.com/2015/08/24/drawing-a-line-in-the-sand-the-movement-victory-at-ende-gelande-opens-up-the-road-of-disobedience-for-paris/
3 Auf Deutsch: »Befreit die #IUVENTA – Seenotrettung ist kein Verbrechen!«
4 Kristina Klosová, »Jak obsadit důl aneb Vzpoura proti oteplování«, in Česká pozice, 3. September 2015, ceskapozice.lidovky.cz/tema/jak-obsadit-dul-aneb-vzpoura-proti-oteplovani.A150903_003719_pozice-tema_kasa
5 Reclaim the Power, End Coal Now, 2016, reclaimthepower.org.uk/endcoalnow
6 Steven E. Barkan, »Strategic, tactical and organizational dilemmas of the protest movement against nuclear power«, in *Social Problems* 27(1), Oktober 1979, S. 19–37
7 Alice Swift, »Climate justice action in Germany«, in: *The Ecologist*, Dezember 2019, theecologist.org/2019/dec/19/climate-justice-action-germany
8 Siehe: 2015.ende-gelaende.org/de/zitate.html
9 Siehe: 2015.ende-gelaende.org/de/aktionskonsens.html
10 Siehe: de.wikipedia.org/wiki/Tagebau_Hambach#Hambach-Gruppe
11 Dirk Jansen / Dorothea Schubert, *Zukunft statt Braunkohle. 30 Jahre Widerstand gegen den Braunkohlentagebau Garzweiler II*. Bund für Umwelt und Naturschutz Deutschland, Landesverband Nordrhein-Westfalen e.V. 2014
12 Siehe: mdr.de/zeitreise/ddr/braunkohle-lausitz110.html
13 Siehe: de.wikipedia.org/wiki/Lakoma
14 Siehe: Jansen / Schubert, Zukunft statt Braunkohle
15 Vgl. klima-allianz.de/ueber-uns/erfolge/kohle-kampagne-rueckblick/
16 Zu diesem Zeitpunkt hieß es »Energiekämpfe in Bewegung«.
17 Siehe: 2015.ende-gelaende.org/de/soli_erklaerung.html
18 Siehe: 2015.ende-gelaende.org/de/aktionsaufruf.html
19 Siehe: 2015.ende-gelaende.org/de/aktionskonsens.html
20 Henry David Thoreau, *Über die Pflicht zum Ungehorsam gegen den Staat*. Hg. Walter E. Richartz, Zürich 1973, S. 18
21 Benjamin Mikfeld / Jan Turowski, *Sprache. Macht. Denken. Eine Einführung*. Frankfurt / New York 2016, S. 1

22 Das bedeutet, dass wir das Problem an seiner Wurzel (*radix*) angehen wollen.

23 Siehe: zeit.de/amp/gesellschaft/zeitgeschehen/2019-11/ende-gelaende-lausitz-tagebau-klimaaktivismus-kohleausstieg-kumpel-bergarbeiter?

24 Siehe: tagesschau.de/inland/braunkohle-proteste-111.html

25 Siehe: outofaction.blackblogs.org

26 Mehr dazu unter: ersatzfreiheitsstrafe.de

27 Mehr dazu unter: polizei-gewalt.com; deathin custody.noblogs.org

28 Siehe: ende-gelaende.org/fr/?fallback_postid=3925& template=langfallback

29 Video unter: twitter.com/24mmjournalism/status/927660768002215941 und Bericht unter: www.ende-gelaende.org/press/faktencheck-polizeieinsatz-5-11

30 Mehr dazu unter: untenlassen.org

31 Siehe: ende-gelaende.org/press-release/pressemitteilung-vom-27-8-2017-12-10-uhr

32 Wir haben uns entschieden, den Namen des Inlandsgeheimdienstes in Anführungszeichen zu schreiben, da wir darauf hinweisen wollen, dass die tatsächliche Tätigkeit dieses Inlandsgeheimdienstes nicht das Geringste mit dem Schutz des Grundgesetzes zu tun hat. Gleiches gilt für das Wort »Linksextremismus«, den wir als politischen Kampfbegriff verstehen. Die dahinter stehende Extremismustheorie lehnen wir ab. Weiterführendes z. B. hier: grundrechte komitee.de/details/rechts-links oder hier: Holger Oppenhäuser, »Das Extremismuskonzept und die Produktion von politischer Normalität«, in *Forum für kritische Rechtsextremismusforschung, Ordnung, Macht, Extremismus*. Wiesbaden 2011

33 Mehr dazu hier: Text: antirrr.nirgendwo.info/2020/05/19/jugendamt-und-verfassungsschutz-vereint-mit-dem-aussteigerinnenprogramm-fuer-linksextremismus-wegen-teilnahme-an-ende-gelaende-aktion/; Podcast: soundcloud.com/ende_gelaende/verfassungsschutz-vs-klimabewegung

34 Siehe: ende-gelaende.org/news/klimabewegung-wir-stehen-solidarisch-zusammen

35 Mehr dazu unter: ende-gelaende.org/personalienverweigerung

36 Rote Hilfe Zeitung 2/2020, S. 45: rote-hilfe.de/rote-hilfe-zeitung; EA Berlin: ea-berlin.net/in-corona-zeiten-werden-wir-fleissig-ein-diskussionsbeitrag-zur-id-verweigerung-des-ea -berlin#content

37 Erklärung zu *racial profiling* unter idaev.de/recherchetools/glossar/?no_cache=1&tx_dpnglossary_glossarylist%5B%40widget_0%5D%5Bcharacter%5D=R&cHash=9e806e4082dff6ee68cf4350ab94aa18

38 Rote Hilfe Zeitung 2/2020, S. 45: rote-hilfe.de/rote-hilfe-zeitung; EA Berlin: ea-berlin.net/in-corona-zeiten-werden-wir-fleissig-ein-diskussionsbeitrag-zur-id-verweigerung-des-ea-berlin#content

39 Siehe: polizeigesetz-nrw-stoppen.de/2019/02/14/aktuelles/ein-frei fahrtschein-fuer-den-grossen-bruder

40 Z.B. 2018 an der Hambachbahn, siehe: 2018.ende-gelaende.org/de /press-release/pressemitteilung-vom-29-10-2018

41 carla bergman/Nick Montgomery, *Joyful Militancy: »Building Thriving Resistance«*, in: *Toxic Times*, AK Press 2017

42 Allerdings ist nicht belegt, dass er ihn auch tatsächlich verwendet hat.

43 Mehr dazu unter: seedsforchange.org.uk/resources und kommuni kationskollektiv.org/material

44 Mehr dazu unter: seedsforchange.org.uk/resources; kommunikati onskollektiv.org/material

45 Mehr dazu unter: sk-prinzip.eu/methode

46 Mehr dazu unter: zukunftfueralle.jetzt/buch-zum-kongress /02-de mokratie

47 Der Satz »Fragend schreiten wir voran« kommt von den Zapatistas, einer indigenen Bewegung im südlichen Teil von Mexiko.

48 Mehr dazu unter: skills-for-action.de.

49 Timo Luthmann, *Nachhaltiger Aktivismus*. Münster 2018

50 Auf Deutsch: »Was wollen wir? Klimagerechtigkeit! Wann wollen wir sie? Jetzt!«

51 Siehe z.B. Sivan Kartha et. al., »The Carbon Inequality Era«, Sept. 2020, URL: oxfam.de/presse/pressemitteilungen/2020-09-21-klima killer-reichtum-reichste-1-prozent-schaedigt-klima-doppelt

52 Der erste der beiden Sprüche richtet sich gegen das sog. Fracking, eine besonders umweltschädliche Form der Gewinnung von Erdgas; übersetzt bedeutet er ungefähr »Verpiss Dich, Fracking – Neo-CO_2lonialismus bekämpfen«; der zweite Spruch lässt sich ungefähr wiedergeben mit »DeKOHLonisieren!«

53 Auf Deutsch etwa: »Wir gehen nicht unter, wir kämpfen.« Ein Video zur Aktion findet sich hier: youtube/_8Q3W5nT6QY

54 Siehe: klimaplanvonunten.de/de

55 Siehe: ende-gelaende.org/sofortprogramm-klimagerechtigkeit

56 CJA, »Was heißt Klimagerechtigkeit in Europa? Ein Diskussionspapier«, web.archive.org/web/20120430132434/; climate-justice-ac tion.org/ueber-cja/was-heist-klimagerechtigkeit-in-europa/?lang= de

57 Ende Gelände, 2016: 2016.ende-gelaende.org/de/aktion/aufruf

58 Michael Heinrich, *Kritik der politischen Ökonomie*. Stuttgart 2018; Matthias Schmelzer, Andrea Vetter, *Degrowth/Postwachstum. Zur Einführung*. Hamburg 2019

59 Mehr zum Verhältnis von Kapitalismus und Ableismus z. B. bei Rebecca Maskos, »Ableism und das Ideal des autonomen Fähig-Seins in der kapitalistischen Gesellschaft«, in *Zeitschrift für Inklusion* 2015:2, unter inklusion-online.net/index.php/inklusi on-online/article/view/277

60 An dieser Stelle sprechen wir von Frauen*, da das kapitalistische System die binäre Geschlechterordnung (re)produziert und diese in die Arbeitsteilung zwischen Mann und Frau übersetzt. Dies wird hier kritisiert. Um trotzdem deutlich zu machen, dass »Frau« eine konstruierte Kategorie ist, wird das * verwendet. An den Stellen, wo es um Repräsentanz oder andere Aspekte von Geschlechterkategorien geht, sprechen wir von FLINTA* (siehe Glossar).

61 Nancy Fraser / Rahel Jaeggi, *Kapitalismus. Ein Gespräch über Kritische Theorie*. Berlin 2020. Patriarchale Verhältnisse gehen allerdings dem Kapitalismus historisch lange voraus.

62 Siehe: *Unbezahlte Arbeit – Frauen leisten mehr*, Böckler Impuls, Ausgabe 8/2017, boeckler.de/de/boeckler-impuls-unbezahlte-arbeit-frauen-leisten-mehr-3675.htm

63 Siehe: Inga Dreyer, »Frauen arbeiten 77 Tage im Jahr umsonst«, in: *Neues Deutschland*, 16. März 2020, neues-deutschland.de/artikel/1134352.gender-pay-gap-frauen-arbeiten-tage-im-jahr-umsonst.html

64 Siehe: Sybille Bauriedl, *Klimawandel, Migration und Geschlechterverhältnisse*, 21. Januar 2019, bpb.de/gesellschaft/migration/kurzdossiers/283411/klimawandel-migration-und-geschlechterverhaeltnisse

65 Siehe: Margarete Stokowski, »Warum es so viele Frauen an der Klimafront gibt«, in: *Spiegel online*, 25. Juni 2019, spiegel.de/kultur/gesellschaft/klimaschutz-warum-es-so-viele-frauen-an-der-klimafront-gibt-kolumne-a-1274166.html

66 Siehe zum Beispiel Tonny Nowshin, »Die Klimabewegung hat ein Rassismusproblem«, in: *Klimareporter*, 17. Juni 2020: klimareporter.de/klimareporter-allgemein/die-klimabewegung-hat-ein-rassismusproblem

67 Siehe: Caspar Schwietering, »100 Prozent grün nur auf dem Papier«, in: *Die Zeit*, 23. Februar 2020, zeit.de/mobilitaet/2020-02/deutsche-bahn-oekostrom-kohlekraftwerk-datteln-4-mobilitaet-klimaschutz

68 Siehe: Stoppdatteln4.de/kohle

69 Stephan Lessenich, *Neben uns die Sintflut. Die Externalisierungsgesellschaft und ihr Preis*. München 2016

70 Siehe: Martina Neumann, »Umweltschädliche Subventionen: Wie Deutschland fossile Energie unterstützt«, in: *utopia*, 1. Juni 2019: utopia.de/ratgeber/umweltschaedliche-subventionen-wie-deutschland-fossile-energie-unterstuetzt

71 Kai Schönberg, »850 Kilometer mehr Asphalt« in: *die tageszeitung*, 3.12.2020: taz.de/Strassenbau-in-Deutschland/!57 29178/

72 Autor*innen: Dodo, Shaylı Kartal, Laura Bechert, Hg. Jugend im Bund für Umwelt und Naturschutz Deutschland e.V., *Kolonialismus & Klimakrise – über 500 Jahre Widerstand*. Berlin, Juni 2021

73 opendemocracy.net/en/opendemocracyuk/to-fix-climate-crisis-we-must-acknowledge-our-imperial-past/

74 Der Begriff »Maafa« ist Swahili und bedeutet »große Katastrophe«. Es ist ein selbstbestimmter Begriff der Betroffenen, um den kolonialen Ausdruck »transatlantischer Versklavtenhandel« nicht mehr benutzen zu müssen. Zum Weiterlesen: Susan Arndt, *Die 101 wichtigsten Fragen – Rassismus*. München 2020

75 Zum Weiterlesen: Alok Vaid-Menon, *Beyond the Gender Binary*, New York 2020

76 dw.com/de/bayo-akomolafe-wir-haben-die-klimakrise-nicht-unter-kontrolle/a-54081146

77 Zum Weiterlesen: Linda Tuhiwai Smith, *Decolonizing Methodologies. Research And Indigenous Peoples*. London 2012

78 Smith, *Colonizing Methodologies*, Übersetzung durch Redaktion

79 katapult-magazin.de/de/artikel/der-kolonialismus-ist-nicht-vorbei

80 Zum Weiterlesen: Natasha A. Kelly, *Rassismus. Strukturelle Probleme brauchen strukturelle Lösungen!*. Hamburg 2021

81 dw.com/de/afrikas-aufschrei-f%C3%BCr-das-klima/a-50549623

82 carbonbrief.org/analysis-the-lack-of-diversity-in-climate-science-research

83 robinwood.de/blog/zerstörung-made-stuttgart

84 »Die Werkzeuge des Herrn werden niemals das Haus des Herrn niederreißen.«

85 In der deutschen Sprache gibt es nicht einmal Wörter, um ein anderes Verständnis auszudrücken als das einer vom Menschen getrennten Umwelt.

86 »Klimagerechtigkeit bedeutet antirassistische Gerechtigkeit.«

87 Zum Weiterlesen: Tupoka Ogette, *exit RACISM. rassismuskritisch denken lernen*. Münster 2019

88 »Keine Gerechtigkeit in einem rassistischen Klima.«

89 Inhaltlich übersetzbar mit: »Zentriert die Marginalisierten!«

90 Tsepo Bollwinkel, »›We were never meant to survive‹ – Perspektiven anti-kolonialen und anti-rassistischen Widerstands.« Vortrag bei »Bonn Postkolonial«

91 Gemeint ist hier ein Typ Mensch, dessen Grundhaltung in vielen Menschen steckt, denen ich in der Bewegung begegnet bin.

92 Zum Weiterlesen: Emilia Roig, *Why We Matter: Das Ende der Unterdrückung*. Berlin 2021

93 »Keine Gerechtigkeit in einem rassistischen Klima voller ignoranter *weißer* Retter*innen.«

94 Bill Moyer, *Aktionsplan für soziale Bewegungen*. Kassel 1989, bzw. Bill Moyer, *Doing Democracy*. Gabriola Island, CA, 2001

95 So schreibt die Philosophin Hannah Arendt: »Nackte Gewalt tritt auf, wo Macht verloren ist« (Hannah Arendt, *Macht und Gewalt*. München 1970/2013, S. 55) und »Es hat nie einen Staat gegeben, der sich ausschließlich auf Gewaltmittel hätte stützen können«. (Ebd., S. 51.) Der marxistische Theoretiker Antonio Gramsci verweist mit der Formel »Integraler Staat = Zivilgesellschaft + Politische Gesellschaft, das heißt Hegemonie, gepanzert mit Zwang« (Antonio Gramsci, *Gefängnishefte* 4, S. 783) darauf, dass gesellschaftliche Verhältnisse mit Zwang alleine nicht dauerhaft aufrechterhalten werden können. Sie brauchen auch Zustimmung aus der Gesellschaft.

Bildnachweise

Illustrationen auf S. 6–9, S. 77, S. 95, S. 109, S. 116, S. 119, S. 140, S. 143 © Caroline Pochon
Fotos: S. 73, S. 101 © Tim Wagner;
S. 11 © Jens Volle;
S. 15 © Ruben Neugebauer;
S. 17 © Paul Wagner;
S. 37 © Christoph Hedtke;
S. 43 © Karuna Fuchs;
S. 47, S. 89 © Jannis Große;
S. 55, S. 71, S. 113, S. 139 © Pay Numrich;
S. 129 © Christian Bock (www.christian-bock.net);
S. 131 © Pilger;
S. 151 © Ende Gelände Flickr;
S. 171 © Freundeskreis Videoclips;
S. 185 © Kristoffer Schwetje (www.kristofferschwetje.com)